経営者とは

稲盛和夫とその門下生たち

日経トップリーダー 編

まえがき

「日経トップリーダー」は、1984年の創刊以来（しばらくは「日経ベンチャー」という誌名でした）、日本の中小企業を活性化するという社会的使命を一途に追求してきた経営誌です。ここ数年、取材後の雑談でこう聞くことが増えてきました。

「実は私、盛和塾に入っていまして」

盛和塾は、稲盛和夫氏（京セラ名誉会長、KDDI最高顧問、JAL名誉会長）が主宰する経営塾です。83年に発足し、多くの中小企業経営者がここで学んできました。その塾生数が急増しています。

理由の1つは、間違いなく日本航空（JAL）の再生劇でしょう。巨額の負債を抱えて経営破綻した航空会社を稲盛氏は2年8カ月で見事、再上場させました。その手腕が広く伝わり、「稲盛経営」を学びたいという経営者が増えているのです。

もう1つ、私たちは理由があると考えています。それは経営の時代性です。

日本は今、大きな転換期を迎えています。人口縮小・少子高齢社会に突入し、一方で経済のグローバル化も急速に進展しています。それに伴って、政治に求められる役割も変わりつつあります。ただ、多くの人が日本が変わらなければならないことは承知しているけれど、どのように変えればいいのか、その道筋が判然としない。

何事も迷ったときは、原点に戻ることが鉄則です。国家とは何か。経済とは何か。政治とは何か。企業とは何か。これほど根源的な問いが求められる時代は近年あまりないと思います。そして忘れてはならないのが、「経営者とは何か」という問いかけです。

経営者の使命は何でしょう。利益を増やすこと？ 事業を永続させること？ それらは確かに経営者が考えるべき大切なことですが、企業の使命とも言えます。もっと経営者個人に寄せて考えてみたいのです。「経営者とは何か」という問いは、「経営者とはどういう人間であるべきなのか」と置き換えられます。

我々はこの問いについて深く考えてこなかったのかもしれません。これまで欧米型の「マネジメント」と東洋型の「徳の経営」を行ったり来たりしながら、たくさんの経営手法が論じられてきましたが、経営者個人にフォーカスすることは少なかった。あえてそうしなくても経済成長の追い風を受けて、誰が経営者をやっても、そこそこには会社がうまく回る時代が長く続いたからです。もちろん創業型の経営者の場合は、その人が持っている優れた技術や事業プランから始まりますから、経営者個人に周囲の関心が向かいます。ただそこから、「経営者とはどういう人間であるべきなのか」という命題に発展することはありませんでした。

ところが日本企業の多くが行き詰まり、いよいよ「経営者とは何か」ということに無自覚ではいられなくなりました。そこで稲盛氏の登場です。経営者個人の人間性を軸にする経営スタイルはユニークなものとされてきましたが、実はユニークどころか、それこそが普遍的なものだということに多くの人が気づいてきたのです。

稲盛氏が説く「究極のリーダーシップ論」は経営者を変質させ、そして企業を発展させます。そのことを身をもって示してきたのが、盛和塾の経営者たちです。己を叱咤しながら、稲盛氏の言う「誰にも負けない努力」を試みるその姿には、時に感動すら覚えます。そんな彼らの奮闘を通して「経営者とは何か」を考えることで、日本の隅々で日々頑張っている中小企業に元気になってもらいたい。そんな思いで、この本をまとめました。

1章は稲盛氏本人、2章は盛和塾生7人の話が登場します。それらを受けて3章で、「経営者とは何か」を考えてみました。この本をきっかけに、「経営者とは何か」という問題意識が一層深まることを願っています。

日経トップリーダー編集部

目次

＊二、三章は敬称を略して表記しています

ブックデザイン　横野 保
高橋一恵
吉岡花恵
（エステム）
表紙写真　神崎順一
構成・文　北方雅人
（日経トップリーダー編集部）

第一章

稲盛和夫は語る

哲学的思考

私は若い頃から、人生について会社経営について、哲学的な思考をずっと続けてきました。私が家で読む本は、専門書は別にしますと哲学宗教の類いがメーンです。ベッドの横に積んであるのもそうした本で、寝る前に広げて読んでいます。

人生はどうなっているのだろう。人間というのは、どういう生き方をしなきゃいけないのか。そういう哲学的なことをずっと考えています。これは若い頃から、さかのぼれば小学校のときからです。

鹿児島に住んでいた小学6年生のとき、私は結核にかかりました。まだ戦争中のことです。それも大変な悲劇がありましてね。

家の裏のほうに離れがあって、そこに父の弟である叔父夫婦が住んでおり、赤ん坊も1人おったのです。その叔父が結核で寝込んでしまいました。私の父はお兄さんなもんですから、献身的に弟を看病していましたが、かわいそうなことに叔父は亡くなってしまった。そして後を追うように、その奥さんも発病して亡くなったのです。

しばらくすると、私の父の一番下の弟も結核になり、昭和20年（1945年）の終戦の年に鹿児島であった大空襲のちょっと前に亡くなります。その叔父が寝込んでいたちょうどその頃に、私も結核を発病してしまった。

「稲盛さんのところは結核の家系だ」というようなことを近所の人に言われました。身近にいた叔父夫婦が結核で死んでいき、一番下の叔父もやはり青びょうたんになって寝込んでいる。当然、次は私も、と思っていました。

そんなある日、隣に住んでいた若奥さんが私の枕元に来ました。生垣越しにいつも顔を出して、縁側に面した8畳間に布団を敷いて寝ている私を気遣いながら、「和夫ちゃん、今日は気分どうかしら」とよく声をかけてくれていた人です。

「おばちゃんはこういう本を読んでるんだけれども、よかったら読まない」

私のことを心配し、若奥さんが枕元に持ってきてくれたのは、（宗教法人の）「生長の家」の創始者、谷口雅春さんの本でした。

私はそれを読み、そのとき初めて宗教的なものに触れたのです。どうもそのことがきっかけで、宗教哲学に興味を持ち出したようです。

それからというもの、いろいろな本を読んで哲学的なものを学び、一方では現実の中で次から次へと逆境に遭遇しながら、そこから逃げるのではなしに、克服する過程で強い意志力や哲学というものを身につけていったのです。

逆境というのは、例えば大学生活や就職のときです。もともとは薬学の道に進もうと思い、大阪大学医学部薬学科を受験したのですが、すべってしまいましてね。浪人なんてできませんから2次試験のあった鹿児島大学を受け、その工学部に入りました。戦後になってもうちは貧乏でしたから、無理をして大学に通わせてもらいました。奨学金の一部を母親に渡して食費の足しにしてもらいながら、勉強に励んだのです。第1志望の大学に行けなかったことが大変なばねになり、一生懸命に勉強しました。

お金もなかったし、遊びも何もありません。時間だけがあった。勉強ばかりしていましたから、成績は優秀でした。自分が結核にかかったこともあり、化学の力で薬を開発する会社に就職をしたい。ずっとそう願い、担当の先生もみんな「稲盛君だったら一流の会社に行ける」と太鼓判を押して、推薦までしてもらえた。しかし、ちょうど朝鮮動乱の後で大変な不景気のときでしたから、大企業は縁故でもなければ採らないというような状況で、就職も思い通りにならなかったわけです。

もしあのとき、いい会社に入っていたら、その後は全く違った人生を送っていただろうと思います。哲学的なことにも、それ以上には傾かなかったでしょう。おそらく立身出世を望んで、研究にしろ技術開発にしろ、大企業のエリート集団の中で一生懸命にやっていたはずです。ところが私のケースでは、過酷な環境を生きざるを得なかった。そして幸いにも、そういう環境を乗り越えていくために自分自身を鍛えることになり、それが立派な哲学を身につける糧になったのだと思っています。

私は80歳を越えました。20歳年下の60歳くらいの世代になれば、青年時代はもっと社会が安定し、経済も良くなっています。そうした時代では、頭が良くて優秀であればいい大学に入れ、卒業後はいい会社に入れたでしょう。

ただそうすると苦難に遭遇していませんから、哲学宗教の勉強といってもせいぜい論語をかじった程度だろうと思うのです。実際、論語を話すことはできても、全然身についていない人が多い。哲学的なものを身につける人生を送っていないからです。確固とした素晴らしい人生観、価値観を持って「こういう生き方をすべきだよ」と部下に説ける人は皆無じゃないかと思う。

それが私にできるのは、少年時代も青年時代も社会に出てからも、成長の過程における逆境というものがあり、哲学的なことを模索して、自分なりに人生観や価値観を構築してきたからです。そして、そういう哲学的なもので従業員に働きかける経営をしてきたわけです。当時は「何でこんなにいっぱい苦労をしないといけないのか」と恨み節を口にしたこともありましたけれども、今改めて考えてみますと、手を合わせて拝みたくなるくらい素晴らしい逆境を与えてくれたと思いますね。

ですから人間というのは、苦労に直面すればそこから逃げるんじゃなしに、真正面からそれを受け止めて、成長の糧にしなくちゃいけない。苦難は受け止め方によってマイナスにもなるし、プラスにもなると思うのです。

もし今、大変厳しい状況の中にあるのなら、それを真正面から受け止めて、自分の成長を促していく大きな栄養剤だと思って、誰にも負けないほど必死に努力をすべきだと思います。日本の経営者、特に大企業の経営者はこうした哲学的なものが欠落していることが、日本企業の停滞をもたらしている要因だと私は思っています。

第一章　稲盛和夫は語る

意志の欠落

日本を取り巻く環境というのは決して良くないのかもしれません。ただ、いつどんなときでも、悪い面というのはいくらでもあるわけです。特別な好景気で日本全体が潤っているときは別にしますと、良かったり悪かったりするほうが普通なのです。

特に中小企業でいえば、良い環境というのはほとんどなかったはずです。外部からの支援もそうあるわけではありません。それでも経営者の皆さんは従業員と一緒に努力して、それによって会社を安定させてきたではないですか。環境がいいから、そのおかげでうまくいったということは、これまでなかったのではないかと思います。

つまり、新聞や雑誌などがつくるムードに影響を受けて、経営者が「経済環境が良くない」と思うこと自体が、自分の会社を停滞させるもとなのです。

企業経営というのは、プロペラがついていて空を飛ぶことができる自転車のようなものです。常にこいでいないと、途端に重力で地面に落ちてしまう。環境が悪いというのは、下へ下へと押しやられる、そういう力が働くことです。「景気が悪いから駄目です」と言ったそばから、もう一気に落ちてしまうのです。

会社という自転車は常に空中で浮いているのです。地上から少しのところで低迷しているのが中小企業であり、もっとこいで上がっていったのが、中堅企業、大企業です。中小企業の場合は、「もうこのへんでいいだろう」と思うから、そこにいるのです。

中小企業というのは地上に近いから、常に必死に頑張らんと潰れるんです。それが宿命なんですよ。景気が悪い？　中小企業の経営者が弱音を吐いてどうします。もっと勇気を持ってやろうやないか。先が見えません？　先が見えないなら、見えんでいい。なぜ今、一生懸命にこぐということをせんのだ。

まず、社長が頑張ってこぐ。でも1人では重たくてうまくこげやしません。だから5人でも10人でも従業員がおるなら、その人たちにも社長と同じ気持ちになってもらって、全員でこぐ。社長が「なにくそ、今は大変な状況だから頑張らんといかん」と思うと同時に、従業員が同じ気持ちになってくれるようにどう仕向けていくか。これが大切です。

そして、ただ頑張ってこぐのではなく、どうすればもっとうまくこげるか、どうすればもっと上へ上へと行けるかを考える。その知恵は誰かに教わるものではなく、今まさにやっている仕事の中で、ありとあらゆる可能性を探る中で見つかるものです。

創意工夫を伴った必死さ、と言いますか。それを社長だけじゃなく、従業員も一緒になってやる。これがあれば、必ず空に向かって上がっていくと思うんです。

ただ中小企業の問題は、社長がしゃかりきになって「頑張らんかい」と号令をかけても、なかなか従業員がその気にならないことです。社長1人が空回りしている。社長が怒鳴り散らしたりすると、ますます従業員がそっぽを向いてしまう。全員で力を合わせなくちゃならんときなのに、うまくいかないということが本当によくあるのです。


私自身にも経験があります。

実は、私が会社をつくった最初の目的は「稲盛和夫の技術を世に問うため」でした。大学を出て入った会社(京都の松風工業)でやっていた研究が非常にうまくいきましてね。松下電子工業(現パナソニック)から依頼され、テレビのブラウン管に組み込む部品を作ることになりました。そうして張り切って仕事をしていたとき、日立製作所から「これを作ってくれないか」と興味深い話をもらいました。

アメリカのGE(ゼネラル・エレクトリック社)が開発したセラミック真空管を、日立が作るに当たり、それに必要な重要部品が日本では私しか作れないというので、わざわざ頼みに来られたのです。もちろん私は喜んで引き受けたのですが、難しいスペックでなかかなかうまく開発ができませんでした。

そのとき、うちの技術部長が「稲盛君では、これを作れるわけがない」と言った。ボロ会社でしたけれども、京都大学を出た連中が技術部門の大半を占めていました。私が田舎大学の出身ということもあったのでしょう。技術部長が「君はこの研究から外れてくれ。うちにはまだ技術屋がいくらもおるから、そいつらに担当させる」と。

私はむかっとしまして「ああそうですか。では、私は会社を辞めます」と若気の至りで技術部長に言ったのです。ところが、私が作った製品が松下電子工業にどんどん納められているから、社長をはじめみんなが「どうしても辞めてもらっては困る」ということで一生懸命に慰留してくれました。待遇も良くするなど、いろいろな条件も出してくれたんですが、男が一度言い出した以上、辞めることにしたのです。

さて、この先どうしようかと考えました。

少し前に、その会社にパキスタンから勉強に来ていた人がいました。ラホールというパキスタンの大都市で、絶縁用の碍子を作っている焼き物会社の御曹司です。1カ月ほど私と同じ研究室で働いていました。彼が帰国するとき、「稲盛さんにパキスタンに来てほしい。今はドイツの技術者が技師長として会社を見てくれているけれど、ぜひ稲盛さんにお願いしたい」と言っていたことを思い出したのです。

そのときは断ったのですが、上司とけんかをして会社を辞めるとたんかを切ってしまった。それで「今からでも行ってええか」と手紙を書きましたら、「喜んで」と返事が返ってきたものですから安心し、すっかり私はパキスタンで働くつもりにしていました。

ところが、以前の上司にそのことを話すと、「稲盛君、これまでせっかく日本でやってきたのに、もったいない」と強く引き止められました。その元上司は、ある会社の役員をしていた大学の同級生に「こんなに素晴らしい若い男がいる。何とかお金を出してくれないか」と頼んでくれたのです。

また、私が鹿児島大学時代に大変お世話になった先生にパキスタンに行くことを話したら、やはり慰留されました。その先生は東京大学で電気化学を専攻した後、中国に渡り、鴨緑江発電で得られる電力を使って大規模な化学工場を造った素晴らしい方です。戦後日本に引き揚げてレッドパージにかかるのですが、それが解けてから鹿児島大学の教授になりました。その先生もしょっちゅう京都にいる私を訪ねてきて、「稲盛君、パキスタンに行ってはいけません。せっかくここまで素晴らしい研究をしたのですから、このまま日本でやるべきです」と言ってくれました。

そして、そういう方々が私のために会社をつくってくれるとおっしゃったのです。つまり、最初から独立するつもりがあったのではなく、たまたまけんかをして会社を辞めることになったときに、素晴らしい方々の支援で会社をつくっていただいた。私は少しもお金を持っていませんでしたから、資本金３００万円も、借り入れの１０００万円も、全部その方々が集まって工面してくれたのです。

サラリーマン勤めでは、立派な技術開発をしても派閥などがあって社内で認められないこともありますが、自分の会社ならそんな心配はいりません。技術部長から「おまえでは駄目だ」とばかにされたけれど、自分の会社なら誰に遠慮することもなく大手を振って、自分の技術を世に問うことができます。「稲盛和夫の技術を世に問うこと」。これが創業当初の、私の会社経営の目的だったのです。

ところが1年目に中学卒業者を20人採用し、2年目に11人の高卒の従業員を採用し、数十人の規模になると、従業員が私にいろんな不満、不安を言ってくるようになったのです。出来たばかりの会社で食堂も何にもない、そんな会社に将来があるのか、と。

そのとき、ふっと気づきました。採用したての従業員が、「自分たちの将来を保障してくれ」と訴えるような会社でいいのだろうか、と。

私は「稲盛和夫の技術を問う」ためにつくったけれど、何のことはない。〝中に住む〟従業員の人たちが、「この会社に入って本当に良かった。きっと将来の生活も安定するだろう」と思ってくれる会社にすることが一番大事ではないか。「稲盛和夫の技術を世に問うこと」は、従業員が喜んでくれた後についてくるのであって、それは目的じゃない。こう考えまして、会社ができて3年目くらいだったでしょうか、「全従業員の物心両面の幸福を追求する」という企業理念を掲げたのです。

ＪＡＬ（日本航空）の再建に際しても、その理念を掲げました。会長就任後、ＪＡＬの幹部社員にこう言いました。

「会社を経営していくには、素晴らしい哲学を持たなかったらいかん。具体的には、『全従業員の物心両面の幸福を追求すること』です。潰れたＪＡＬが再生していくには、これしかありません。資本主義社会の中で、株主価値を最大化するのが経営の目的だと言われていますが、京セラはニューヨークで上場しても、今日までその哲学を変えていません。ＪＡＬもそうしたい。この哲学、思想でもって一致団結しようではないか」

こうして私の経営哲学の開陳を始めたんです。

それまでＪＡＬは「ナショナル・フラッグ・キャリア」だということで、役人が重役になり、いわゆるエリート集団が経営を牛耳っていた会社でした。従業員はみんな疑心暗鬼で、会社というのは自分たちのことを考えてくれないものだと思っていた。

そんな会社が崖から死の淵をのぞいた状態になり、そこに私が行って、今までとは１８０度違う価値観でみんなに接したわけです。ＪＡＬの組合にいるイデオロギーに凝り固まったリーダーたちは別にしましても、関連会社も含めてＪＡＬに残った3万人以上の従業員のうち、九十数％の人は、「今度来た会長は、我々従業員を幸せにするためという1点に昇華した目的で経営をするのか」と、この理念を見て驚いたはずです。

もちろん、すぐにみんなが理解してくれたわけではないでしょう。最初は疑いを持っていたかもしれません。ただですね、自分で言うのも何ですが、そういう経営理念を掲げながら朝から晩まで必死に頑張っているのが、もう80歳間近のじいさんだ、と。それも、給料ももらわんで一生懸命にやっている。

稲盛和夫という1人の老人にとって、ＪＡＬが良くなることは何のメリットもありません。それが、夜遅くまで従業員に懇々と話をする。経営というのはこうあるべきだと、幹部連中を集めて講義もする。そういう姿が、多くの従業員の心を打ったのではないでしょうか。

現場に行ってキャビンアテンダントと話をしたら、みんな非常に親しみのある笑顔で迎えてくれるし、中には涙ぐんで話を必死に聞いてくれる人もたくさんいました。また、飛行機を安全に飛ばすにはネジ1つも落ちてはいけないわけですが、ただしそこには無駄がいっぱいある。私も作業着を着て整備工場に行っては、整備の人たちに「これだけの重機械を持ち、飛行機のエンジンを整備するのは極めて重要な仕事だけれど、その費用をいくらでもかけていいのではないんだよ」と、一生懸命に話をしました。

そうやってじいさんが捨て身で新しい価値観を与えようとしている。多くの従業員は変わらざるを得なかったというのが、本当のところだと思います。意識して自分自身で演出したわけではありませんが、結果としてそれは素晴らしい舞台装置になったのです。

次第に従業員は「JAL は自分たちの会社だ」と思うようになって、必死に頑張るようになった。同時にそれぞれの持ち場で、今までどれほど無駄で、いいかげんな経営をしてきたか、トップから末端まで猛烈に反省もした。こうして誰かに命令されなくても、従業員が勝手に、一生懸命に努力するようになり、改善もするようになり、それが奇跡的な業績回復につながっていったのです。

必死にやれば、このじいさんでも何万人の気持ちを変えることができるんですから、中小企業の経営者が、20人、30人の従業員を味方につけられないはずがない。

経営者は自分の会社を守って、発展させていく役割があります。それは何のためかというと、会社の中には従業員がたくさんおりますから、従業員の生活を守っていくために会社を守り、かつ伸ばしていくのです。これこそが経営の目的です。もっと極端に言いますと、経営者というのは従業員を幸せにしていくためだけに会社を守り、伸ばしていくという使命を持っているのです。それ以外にはないと言ってもいいでしょう。

ところが実際には、従業員に安い給料で働いてもらって「儲かった分は全部自分のものだ」と贅沢をしてきた経営者も多いと思います。従業員が「稲盛家の家業を繁栄させるために、我々は使われている」「社長が遊びに行くためのお金を稼いでいるだけやないか」と思っているうちは、どうやってもうまくいきません。

「皆さん、私が儲けたいのではありません。これからは経営内容を全部オープンにします。皆さんが喜んで働けるように改善もしていきます」と言って、従業員の力の向きを変えていくんです。「今度からはどんなに少ない成果も、従業員と分け合ってやっていこうと思う」と宗旨を変えるんです。自分の私利私欲のため経営するんじゃなしに、今こそ、従業員の幸せのために会社を経営するのだと考え方を改める。そのためには使用人ではなく、パートナー、仲間という位置づけにしないといけません。そうして従業員みんなの力を合わせることができれば、仕事はいくらでも見つかるはずです。

「旋盤の仕事なんてこれからの時代はどうしようもないわ」と諦めている人がいるかもしれません。でも、旋盤の仕事でも、もっと技術を磨いていろんな加工ができるようにして、必死になって仕事を探せば、周辺の町からぜひ作ってほしいという人はいくらでも出てくると思うんです。

どんな会社でも得意なものがあるでしょう。例えば、生命保険会社ではナンバーワンの契約を取ってきた営業社員を表彰していますね。毎年、トップの人は大体同じ人です。生命保険ほど、私は難しい商品はないと思うんです。だって自分が死んだときにお金がもらえる。病気をしたときには若干還付はあるにせよ、基本は払いっぱなしというわけですからね。あれほど売りにくい商品というのもないと思うのです。

それでも契約件数がナンバーワンの人は、相当に売るわけです。創意工夫をして、きっと笑顔も素晴らしいのでしょう。見込み客のところに行くにしても、お菓子のひとつまみくらい子供さんのために持っていこうかなどと、いろんなことをしているはずです。その人が会社を辞めて中小企業を立ち上げれば、生命保険であろうが化粧品であろうが、基本は一緒のはずですから成功すると思います。経済環境が悪いとか、そんなの関係ない。

もし得意なものがないという人の場合でも、誰にも負けないというところまで頑張れば何とかなります。例えばこの私に今、何人かの従業員と一緒にラーメン店をやらせれば、見事な店をつくってみせますよ。ラーメン店をやるにせよ、うどん店をやるにせよ、何にせよですね、創意工夫と努力をすれば簡単なことです。それなのに工夫もしない、従業員のモチベーションも高められないとは、どういうことか。厳しい言い方になりますけど、あんたら何にもやっとらんやないか。

仮に私がラーメン店をやるなら、まず1年か2年、おいしいラーメン店に頼んで丁稚として働かせてもらいます。朝早くから夜遅くまで皿洗いでも何でもしながら、そこの店主の仕事を必死に見て覚えます。1カ月したら、次のラーメン店に移って、また覚える。10軒ほどラーメン店を回り、こういう味でこうやればいけるとつかめば、安い店舗を借りて一生懸命にラーメンを作ればいい。

私はどんな業種の中小企業にも興味があります。私にやらせてくれたら、たちまち儲けてみせます。当然、海外に出て商売するという選択もあるでしょう。中小企業の場合は、納入先が海外に出ていくから「あんたのところも海外で作って供給してくれ」ということが多いのだろうと思います。海外に出ようかと考えるなら中途半端でなく、どっぷりと出たらいい。やるとなったら徹底してやらんといかん。

京セラも、会社設立から10年目にアメリカに拠点を設けました。

我々が扱っていたのはポピュラーな製品ではなく、当時はまだ特殊な材料だったセラミックスでしたから、売り先は東芝や日立製作所などの大手電機メーカーで、それも研究部門に限られていました。一生懸命に「こういう特性を持つ材料を開発しましたので、おたくのこんな研究に使えると思うんです」と拡販をしていきましたが、うちは中小零細企業だったものですから、日本の大企業は簡単に採用してくれません。

それで、アメリカならもっとフェアな評価をしてくれるだろうと、売り込みに行ったんです。初めは売れませんでしたが、英語ができる幹部と二人三脚で必死に顧客開拓し、ちょうど半導体産業の勃興とも重なり、いろんな注文が入るようになりました。

こうして仕事が増えてきたので、カリフォルニア州のサンディエゴにあった工場を買収し、自前の生産拠点を持ったのです。5、6人の技術者を選んで、京都からアメリカに赴任してもらいました。私も2カ月に1度はアメリカのお客さんを回って、その足で工場にも寄るのですが、最初はなかなか生産がうまくいかずに大変でした。

日本から行った従業員は、言葉の問題も生活習慣の問題もあって、アメリカの従業員とコミュニケーションがうまく取れない。戦争に負けてそう日にちがたっていませんし、サンディエゴには海軍や海兵隊の基地がありますから、沖縄戦線で戦った従業員もたくさんいました。戦争に負けた日本人が経営する会社で働いているというのが気に入らないのか、言い合いになると「このジャップ!」と吐き捨てる人までいました。

そのように大変な苦労をかけている従業員たちの気持ちを何とか和ませようと、週末に「みんなで釣りに行こう」と誘いました。サンディエゴの港から沖へ出たら、カマスがよく釣れましてね。それを持ち帰ってみんなでお刺身を作り、昔話やらをしながら楽しく食べた思い出があります。

でも、私は1週間くらいで日本に帰らんといかんわけです。サンディエゴの空港にその連中が見送りに来てくれるわけですが、中には日本が恋しくなって泣いてしまう従業員もおってね。おまえ頑張らんかい、と励まして……。

私も従業員も苦心惨憺《さんたん》しながら、それはもう、すさまじい努力をしてきたのです。海外事業を成功させるコツなんてありません。海外に行かなきゃならんというなら、覚悟を決め、行くしかない。そして必死に頑張るだけです。海外に行ってみる前から、あれやこれやと難しい理由を挙げても仕方ない。安易に「難しい」というベールをかけてしまうのではなく、とにかく行ってみるのです。

我々人間というのは、常にいろんなことを考えています。しかし私はその多くは、妄想だと思っているのです。

目の前は絶壁で、もう突破できないと勝手に妄想しても、実は絶壁なんかじゃなくて、障子紙が張ってあるだけかもしれません。私は若い頃、部下の技術者たちによく言いました。「突破できると、何で思わんのや。唾をつけてみい。障子紙なら穴が開くやろ。それもせんで、最初からあかんと思うな」。そういうケースがあまりに多い。もし本当に岩やコンクリートだったとしても、どうよじ登ろうかと考えればいい。まずは、試みないと。

結局ですね、日本でものづくりが駄目になったように見えるのは、リーダーがおかしくなったからでしょう。

その証拠に韓国のサムスンやＬＧは、日本企業を定年になった技術者をたくさん採用しています。日本のものづくりの現場というのは、全く質が落ちていません。ただそれをマネジメントするリーダーが、苦労していないエリート集団です。アメリカのビジネススクールを出ていたとしても、理論やテクニックばかりで、ものづくりを分かっていない。そういう人を優秀だと称し、マネジメントを任せる。

ものづくりは本来、泥臭いものなんです。現場で汗水たらして、立派なものを作ってきた人たちの意見を聞かず、ないがしろにしていては経営なんてできません。（ヒット商品をいくつも出してきたアメリカの）アップルはものづくりを自社ではしていませんが、こういう回路を組んで、こんな性能を出そうということを一生懸命に考えています。

アップルは組み立てを中国でしており、そこには日本メーカーの部品がたくさん使われています。日本にはそれだけの技術力があるのですよ。しかし、アップルのように商品やサービスを企画し、アレンジをする人間がいなかった。

日本のものづくりというのは全く衰えていない。中小企業のように、歯を食いしばってやっていくぞというガッツがある経営者が大企業にも出てくればいいのです。経営者の意識改革だけの問題です。

（思想家の）中村天風は「新しき計画の成就は只不屈不撓《ふとう》の一心にあり。さらばひたむきに、只想え、気高く、強く、一筋に」と言いました。新しい計画を成就しようと思うなら、不屈不撓の一心で、矢が降ろうと何が降ろうとめげない。そして一点の曇りもない思いを抱く。そうでなければ、新しい計画などできやせんのだ、と。

これは真理なんです。私は若い頃にこの中村天風の言葉に触れて、社内で標語にしました。そしてＪＡＬの再建でもこれを掲げたのです。再建をしたいと思うのであれば必死にやる、何としてもやるぞ、と。

そういうものが大企業の経営者にはない。不景気だとか、うちにはこういう技術がないからとか、何を言うとるんや。ないのが当たり前やないか。今の日本の低迷ぶりは、まさにリーダーの強い意志の欠落のせいなんです。

第一章 稲盛和夫は語る

大義

人間というのは、心の中に描いたものが動機になって行動を起こします。考えていないことは誰も実行しない。この動機になるものは、まず欲です。欲は、人間の本能の中でも一番強いものです。そして創業型の経営者の中に、この我欲が非常に強い人が多いとよく言われるのは、その通りだろうと思います。会社をつくり、経営するとなると、一般の会社員などに比べれば相当なエネルギー、大変な努力が要るからです。ある種のリスクを冒してでも、乗り越えていこうという動機を起こすのは欲だと思います。

多くの人が最初は、「経営者になってお金を儲けたい」という我欲を動機として会社を興す。早く儲けたい、金持ちになりたいという強い欲望がその人を駆り立てる。我欲がそれほど強く表に出ていない人でも、やはりベースにはあるのだと思います。

ところがそういう欲で興した事業で、「儲けよう、儲けよう」と思うとどうなるか。会社の儲けも、自分の儲けもどんどん増やそうという思いが肥大化していきますと、欲を追求しすぎるためにつまずくのです。例えば変な儲け話に引っかかったり、人にだまされたり。欲で成功もしますけれど、欲で破滅もする。欲を動機にした場合には、波瀾万丈の人生になるのです。

ではどうすればいいのかというと、欲の代わりにもう1つ、人間の心を動かし、リスクを冒してでも行動に出ようという別の動機があるのです。それは、心が大義を感じたときです。例えば、非常に抽象的であり、そんなものは動機にならないと思うかもしれませんが、「世のため人のため」というものです。

私の経験をお話ししましょう。

私が第二電電（現KDDI）をつくるまで、日本国内の電話事業はいわゆる電電公社（日本電信電話公社、現NTT）の1社独占でした。そのために通信料金が高止まりしていたのです。アメリカに京セラの子会社があったので、アメリカ国内でも長距離電話をよく使っていましたが、アメリカの電話料金はびっくりするくらい安かった。

こんな笑い話があります。私が西海岸にあるサンディエゴの工場に立ち寄ったとき、うちの従業員がニューヨークに長電話をしていた。

「おまえ、どこへ電話しとったんや」

「ニューヨークの支店に電話していました」

「30分も電話しとったやないか。電話料金がなんぼかかると思ってんのや」

「さほどかかってませんよ」

「何を言うとる。明細書見せてみい」

明細書を見せてもらったら、確かにそんなにかかっていない。私は当時、よく東京に出張して営業に回っていました。赤電話を使って京都に電話をするときは、途中で電話が切れないように10円玉を山のように積み上げておくのが常でした。料金が高いものですから、誰もがそのようにしていました。

日本とアメリカではこれほど料金格差があるのか。情報化社会が来るというのに、電電公社の1社独占ではどうにもならないと思っていました。そうしたところ、いよいよ通信の自由化が始まることになった。これで競争環境ができて通信料金が安くなっていくと期待していたのですが、当時売り上げ5兆円と、とてつもなく大きな会社だった電電公社を前に、日本の大企業は足がすくんで誰も通信会社を立ち上げようとしない。コンソーシアムを作ってでもいいから対抗してくれればいいのに、手を挙げる人がいなかった。それで私がやることにしたのです。京セラの役員会で私はこう言いました。

「今度、電電公社に対抗する会社を旗揚げしようと思う。おそらくみんなは私のことをドン・キホーテのようだと言うだろう。売り上げが2000億円、3000億円しかない京都の中堅企業の京セラが、大企業に対抗するのは無謀に近い。無謀なことは承知の上だけれども、京セラには2000億円の現預金がある。第二電電をやって1000億円の累積赤字を出してこれ以上やれないとなったら、そこでやめる。京セラの1000億円が流出するが、それでも京セラには1000億円が残るわけだから、会社はびくともしないと思う。1000億円の無駄遣いになるかもしれないけれど、どうしても、やむにやまれず社会正義の点からやりたいと思う。会社を潰すようなことはしない」

まさにこれは、世のため人のためです。通信料金を安くしたいという一念から、大義を持ってやった。欲の代わりに、大義が動機になったのです。自分自身を勇気づけ、困難やリスクに立ち向かっていく心理状態のうち、最も手軽なものは欲ですが、その次に来るものが大義です。理想的には、大義に突き動かされて会社をするというのが正しいと思いますが、多くの創業者が欲で始めており、大変欲深い人が多い。

ただ、動機が我欲であれ大義であれ、事業を展開し、必死に打ち込んでいく行為の中で自己犠牲を払うという点は同じです。大きな成功には大きな自己犠牲が伴い、小さな成功には小さな自己犠牲が伴います。自己犠牲を厭う人は何をやってもうまくいきません。自己犠牲というのは金銭的なものもあれば、のべつまくなく、家庭も顧みないで必死に働くという時間的なものもあります。我欲が強い人も成功したいと思っていますから、それ相応の自己犠牲を払っている。自分の欲を減らすような自己犠牲ではないけれど、時間の自己犠牲を払っています。自己犠牲を伴わなければ成功はありません。

このように、創業して会社を発展させるというのは大変なことです。私も若い頃はしんどい目に遭っていましたから、弱音を吐いたこともあります。人知れず1人になったとき、「こんなにしんどいなら社長を辞めよう」と思うことはしょっちゅうでした。ですが、そう思った瞬間から「それじゃいかん」と、その弱音をばねにして自分を強く奮い立たせました。厳しい仕事、責任の重い仕事をやっておればですね、よほどの哲人ではない限り、弱音を吐くのです。弱音を吐くこと自体は、決して悪いことではありません。

しかし弱音を吐くのは、部下など人の前であってはならない。夜に1人になったときです。家族の前でも吐いてはいけません。経営者は周囲に与える影響が非常に大きい。経営者自身が不安で、自信が揺れ動いていることを周囲の人が垣間見るのは、動揺や波紋を巻き起こしていくので、いいことではありません。

やはりリーダーというのは、心の中に積極的な思いが必要です。積極的という意味は明るくて、前向きで、強気な、というものです。優しい、美しいといったものも、積極的なことです。明るくて美しい心。みんなを思いやる優しさ。そういうものを心に強く持ち、その人が何かをなさんと信念を持って努力をすれば、物事は必ず成就します。

私は盛和塾の塾生に「もう駄目だと思ったときが、仕事の始まり」とよく励ましていますが、私自身は「もう駄目だ」と思ったことは実は一度もないんです。「社長を辞めたいな」と思ったのは、「もう駄目だ」と思ったからじゃなく、ストレスを解消するためについ口から出る言葉です。慰めであり、励ましです。「もう駄目だ」というところまでいかないんですね。そこまでいく前に、あらゆる手立てを使って一生懸命に努力をしましたから。普通の人には「もう駄目だと思ったときが、仕事の始まり」と励ますけれど、本当はそこまで行っちゃ駄目なんです。その前に手を打っておかないといけません。

消極的な考え方、例えば不安に襲われたり、不平不満が心の中に渦を巻いておったりして、「もう駄目かもしれないな」とネガティブな思いを心に描いてしまえば、その通りに物事がうまくいかなくなります。これは私だけではなく、いろんな哲学者や思想家、みんなが言っている真理です。弱音を吐くのも、ネガティブな思いの1つです。弱音を吐くなといっても弱音が出てくるのはしょうがないし、1人のときに会社を辞めたいなと思うのはしょうがない。でもそれを言ったそばから、「いや、それではあかん」と奮い立たせないといけません。

27歳で会社を始めた私は、30代、40代でも弱音を吐いていました。でも、50代になってからは、どうしたことですかね。弱音を吐かなくなったのです。私は50代に第二電電を興し、（顕彰・助成を手がける）稲盛財団をつくり、盛和塾を始めました。壮大なことを3つ、京セラの社長を兼務しながらやったのです。3つとも、社会的な世の為人のためで、欲のためではない。大義が50代の私を突き動かしたのです。50代になってからというのは大変燃えていましたね。

ただ、JALの場合は最初から大義を感じたのではありませんでした。再建を頼まれたとき、私の任ではないと思いました。何しろ業界が全く違うわけです。私がずっと携わってきたのは製造業です。第二電電で通信事業は経験しましたが、航空運輸事業は全くの素人。「門外漢ですからできません」と言っておったんです。

すでに企業再生支援機構の方々が更生計画を作っていました。当時の前原誠司国土交通大臣と民主党の方々から、「再建計画を立てているけれども、トップのリーダーにいい人がいなかったら成功しないと思う。何としても稲盛さんにやってもらわなければ」と何回も言われたもんですから、断りきれなくなりましてね。

そのときに初めて、どういう意義があるんだろうと考えました。1番目は、このままJALが2次破綻をしてしまえば低迷が続いている日本経済に大きなダメージを与えます。2番目は、多くの従業員に会社更生法に基づいて辞めてもらうことになるけれども、3万2000人が残るので、この人たちの雇用を守ることは社会的に大事なことです。3番目はJALが2次破綻して消滅すれば、日本の大手航空会社は1社しか残りません。受益者である国民にとって、独占というのは良くない。

そのためにはJALが存続する必要があります。この3つのことに気がついたものですから、3つのことを成就するために、自信はありませんけれどもやらせてもらいましょう、と。当時80歳を目の前にしていましたから、そんなに時間もかけられません。またフルタイム勤務というわけにもいきません。週に3日くらいならやれます。テンポラリー(臨時雇い)ですから給料は要りません。こうお話をして、JALの会長を引き受けたのです。

最初から大義を感じていないという点では、第二電電と違います。牛に引かれたといいますか、でも引かれた瞬間にそういう大義を感じたものですから、それなら必死に頑張ってみよう。そう思ったわけなんですね。

エゴと戦う

戦後、敗戦の中からいわゆるベンチャー企業を創業した人がどんどん躍進していきました。私が会社を興したのは昭和34年（１９５９年）でしたから、戦後ベンチャー企業の１・５世代といえるでしょうか。創業したとき私は27歳、戦争が終わってまだ14年しかたっていませんでした。

私は、立派な経営者の方々は一体どういうことをしていらっしゃるんだろうと、大変興味がありました。時に関西では松下幸之助さんが松下電器産業を経営し、私も大変若い頃から敬愛していましたので、松下さんの本などを読んだりして、何とか経営のまねごとをしていきたいと思っておりました。戦後の日本を引っ張ってこられた創業型の経営者の後ろ姿を見ながら、私は今日までやってきたのです。

ただ残念なことに、素晴らしい会社を焼け跡の中から興し、素晴らしい経営をしてどんどん成長していったにもかかわらず、創業者が晩年まで会社を良い状態に維持し、ハッピーリタイアメントをしたという例は非常に少ないんですね。会社が破綻してしまうケースもたくさんありました。会社は残っているけれど、創業者自身がいろんな問題を起こして、辞めていったり、追放されたりするケースもたくさんありました。

ベンチャー企業を成功させ、発展させていくのですから、希有な才能を持っているはずなのですが、10年、20年、30年というスパンで見た場合、創業型の経営者が非常に素晴らしい人生を過ごしているケースが非常に少ない。それを見るにつけて、私は残念だと思います。本来なら素晴らしい人生を過ごし、素晴らしい晩年を全うされてもいいのにと、非常に残念でなりません。

なぜそういうことになったのか。その原因について私は考えてみたいのです。

会社を興したときから、経営に自信を持っている人はいないと思います。最初は無我夢中だったでしょう。お父さん、おじいさんが創業した会社を継いだ場合でも必死に頑張ってきたはずです。誰もが謙虚さを持ち、努力家でもあると思うのです。従業員の雇用を守っていかなければならないのだという大きな使命と責任感を持って、自分自身が先頭を走り、自分の時間もなく自己犠牲を払いながら、会社を一生懸命に盛り立ててきた。その結果、会社は立派になり、利益が上がります。

私の場合、自分では一銭も持っていなかったのですが、技術や仕事にかける私の情熱を見込んで、知り合いの人たちが３００万円の資本金を出して、会社をつくってくれました。

そういう株主の方々に迷惑をかけてはいかんと思いましたので、会社ができた瞬間から必死で働きました。従業員は、私を慕って前の会社からついてきてくれた8人の技術者、そして中学校を卒業して入社した従業員20人を加えた28人です。セラミックスの開発、製造に関しては自信がありましたが、経営の「け」の字も知りません。販売や経理などあらゆる部分で私は不安でしたから、大変に努力をしました。そうして創業から10年くらいたった頃には、ありがたいことに数十億円の利益を上げられるようになりました。

このとき、私の年俸は300万円でした。私はそこでふと思ってしまったのです。

「すべては私が持っていた技術だ。しかも私は寝るのも惜しんで一生懸命に頑張り、数十億円の利益を会社にもたらしている。考えてみれば、どう見ても割が合わない。月給を1000万円もらっても、年間1億2000万円だ。数十億円の利益は全部私が作ったものだから、そのくらいもらってもバチは当たらんのではなかろうか」

そんな不遜な思いが頭を巡ったわけです。従業員のために株主のために必死に働いていたのに、利益が出て余裕が出てくると人間が変わっていく。我々人間が持っているエゴが増大していくためです。

そうこうするうちに京セラも大きくなり、「大阪証券取引所の2部に上場してはどうか」

という話が持ち上がりました。「その際にはうちに主幹事を務めさせてくれませんか。主幹事にしてくれればこんな良い条件をつけますから」と、いろんな証券会社から声がかかりました。そして皆さんは、口をそろえてこう言いました。

「稲盛さんは創業者であり大株主です。その株を市場に売り出して上場する方法と、新株を発行し、それを市場に売り出して上場する方法があります。また、その両方を一緒にやるという方法もあります。稲盛さんは創業のときから必死に頑張り、ご苦労をされて立派な会社に育て上げました。上場は、その稲盛さんが創業者としての利益を得られる良い機会です。上場のとき、あなたが持っていらっしゃる株の何パーセントかを市場に放出し、併せて新株を発行して上場されるべきですよ」

私に何億円というお金が入ってきますと、すべての証券会社が言いました。いつ会社が潰れるかもしれないと思い、不安で不安で必死になって頑張ってきた私に、考えてみたこともない大金が入る。年俸数百万円しかもらっていない私に、何億円というお金が入ってくるという誘いです。人間、そちらのほうに気が向かないはずがありません。

けれど、よくよく考えてみると、どうもそれはおかしい。これは悪魔のささやきではなかろうかと思いました。それで証券会社の人にこう尋ねました。

「持っている株を放出してお金持ちになるのは、どうも今までの私の考えには合いません。新株を発行し、会社に資本金として入るようにしたい。会社の資本を充実させる新株発行だけで上場したいと思うのですが、どうでしょうか」

ほとんどの証券会社は「いや、そういう方はめったにおられません。創業者であり大株主なんですから、あなたが持っている株を市場に出すのが普通です」と反対しました。

ただ、ある証券会社の常務さんだけは違いました。

「素晴らしい話です。それが正しいと思いますよ」

そう言ってくれた証券会社を主幹事とし、京セラは上場しました。私の持ち株は1株も市場に出しませんでした。このときの決断が、私が人生を間違うことなく歩いてくることができたもとになっているような気がします。私は聖人君子であったわけではありません。先ほども言いましたように、会社の利益に比べれば自分の給料は安い、もっともらってもよいのではないか、と思うような普通の人間であるのですから。

私はある新聞の「読書日記」というコラムを読み、大変感銘を受けたことがあります。

それは、女優の岸田今日子さんが寄稿したものでした。イスラム文化の研究者で哲学者、思想家でもあった井筒俊彦さんの本を、心理学者の河合隼雄さんが読み、そのことを河合さんが自分の本に書いた。その河合さんの本を岸田今日子さんが読み、感想を「読書日記」に寄稿したものでした。

井筒さんは瞑想をしていらっしゃったそうです。井筒さんがおっしゃるのには、瞑想して意識が静寂になると、自分がこの宇宙に存在しているという意識はあるけれども、他の意識は全部消えてしまって、自分が「ただ存在している」としか言いようのないもので成り立っていることを感じる、と。

同時に、周囲にある森羅万象すべてのものが、自分と同じように「存在としか言いようのないもの」で出来上がっていることを感じられる意識状態になるという。人は一般に〝花がここに存在する〟と表現するけれども、〝存在というものが花をしている〟と表現してもおかしくないのではないか。井筒さんは本にそんなふうに書いているそうです。

この井筒さんの本を河合さんが読み、自身の著書の中で「あんた、花してはりまんの? わて、河合してまんねん」と表現した。これを岸田さんが読まれて、何と素晴らしいことかと感じたという話が「読書日記」というコラムに書いてありました。

井筒さんの言葉を借りれば、我々全員、すべて同じ「存在」というものが姿かたちを変えているということになります。全く同じ「存在」としか言いようのないものが、あなたという存在は花を演じ、私は人間を演じている。無生物を含め森羅万象あらゆるものすべて、存在というものが演じているということになります。

では、同じ存在でありながら、なぜ才能も違い、顔かたちも違い、あらゆるものが違うのでしょうか。それはこの自然界が、いや、この自然界を造った創造主が、地球上に住んでいくためには多様性がなければならないと考えたからだと思います。多様性がなければ社会を構成していくことはできません。そのために、顔かたちも違い、性格も違い、才能も違う人をこの世に送ったのだと思います。

それなのに私は、オレが創業して、オレが一生懸命に頑張って会社を立派にし、数十億円の利益が出せるようになったと思っていた。これはオレがやったんだ、オレの才能で、オレの技術で、オレが寝食を忘れて頑張ってきたからじゃないか。そのオレの給料が300万円しかないとは、割が合わんではないか。創業者として株を売却して何億円という大金を手に入れることも当たり前だ。「オレがオレが」と思っていた。つまり「私」という特別な人間が「稲盛和夫」という名前と才能をもらって、この世に生を受けたと思っていたのです。

かつて、アメリカでシリコントランジスタ（半導体素子）が始まり、それがシリコンを使ったIC(集積回路)に変化し、今でいう超LSI(大規模集積回路)に進化し、半導体産業が勃興《ぼっこう》を始めました。私は超LSI用のセラミックパッケージを供給していました。インテルをはじめ、シリコンバレーの素晴らしい半導体メーカーの研究者が、しょっちゅう京都を訪ねてこられ、私に協力を要請していた時代でした。半導体の勃興期に、私は大変な貢献をしたと思っています。京セラが大きな利益を上げるようになったのは、間違いなくそういう才能をオレが持っていたからだと考えていました。

しかし、岸田さんのコラムを読んだときから、こう思うようになりました。

半導体が勃興していくにはある人間が必要だったのだろう。それは「存在」としか言いようのないものが1人演ずればいいものであり、たまたまそれが「稲盛和夫」であっただけ。「Aさん」でも「Bさん」でも「Cさん」でも、他の存在が「稲盛和夫」と同じ才能を持っていれば、その人が代わりであってもよかったはずだ。ならば逆に、私が一介のサラリーマンであってもおかしくはない、と。

つまり、我々が生きている人類社会は、壮大なドラマだと思うのです。劇場です。その劇場で、たまたま私は京セラという会社をつくる役割と、京セラという会社の社長を演ずることになった。ただし、それは「稲盛和夫」である必要はなく、そういう役割を演じられる人がいればよい。たまたま、私であっただけなのです。私でも「Aさん」でも「Bさん」でも「Cさん」でも、みんな等しく同じ「存在」としか言いようのないものであって、社会の多様性のためにいろんな才能を持ってこの世に生まれてきたけれども、たまたま私という人間にそういう才能が与えられ、そういう役割を演じている。

半導体が進化する中で、たまたま今日は私が主役を演じているけれども、明日の劇では別の人が主役を演じてもよい。にもかかわらず、「オレがオレが」と言っている。そのことが、自分のエゴが増大していくもとになると気がつきました。

自分の才能、能力を私物化してはならない。自分の才能は、世のため人のため、社会のために使えといって、たまたま天が私という存在に与えたのです。その才能を自分のために使ったのではバチが当たります。たまたまそういう才能を与え、たまたま京セラという会社を経営させただけなのに、エゴを増大させていっては身の破滅だと思った私は、それから自分のエゴと戦う人生を歩いてきました。

インドの思想家であるタゴールは、詩の中でこんなことを言っています。

「私がただ1人神のもとにやってきました。しかしそこにはもう1人の私がいました。その暗闇にいる私は一体誰なのでしょうか。私はこの人を避けようとして脇道にそれますが、彼から逃れることはできません。彼は大道を練り歩きながら、地面から砂塵を巻き上げ、私がつつましやかにささやいたことを大声で復唱します。彼は私の中の卑小なる我、つまりエゴなのです。主よ、彼は恥を知りません。しかし私自身は恥じ入ります。このような卑小なる我を伴って、あなたの扉の前に来ることを」(＊1)

タゴールはエゴというみっともない卑しい自分と、ピュアな素晴らしい自分があることを描いているのです。

300万円しかもらっていないのに、1億円くらいの年俸をもらってもいいかもしれないではないか。かつて私が自分にそうささやいたとき、エゴが「それが当たり前だ。1億、2億の給料をもらいなさい」と大きな声で復唱したのです。そういう恥を知らない、卑しい別の私が、誰の心の中にも同居しているのです。

イギリスの哲学者、ジェームズ・アレンという人も、こんなことを言っています。

「人間の心は庭のようなものです。それは知的に耕されることもあれば、野放しにされることもありますが、そこからは、どちらの場合にも必ず何かが生えてきます。もしあなたが自分の庭に、美しい草花の種をまかなかったなら、そこにはやがて雑草の種が無数に舞い落ち、雑草のみが生い茂ることになります」(＊2)

手入れをしなければエゴという雑草がいっぱい生えて、エゴだらけの心になってしまう。自分で雑草を引き抜き、耕し、そこに美しい草花、つまり良心、真我という種をまいて育てなければ、心は雑草にまみれてしまう。油断も隙もないくらいに、心というのはエゴで満たされやすいのだと、アレンは教えているのです。

また私、九州は薩摩の人間なもんですから、子供の頃から明治維新を主導した西郷隆盛の話をよく教わっています。南洲（隆盛）は立派な人が新政府のリーダーになってくれなければ日本は駄目になってしまうと考え、「廟堂に立ちて大政を為すは天道を行ふものなれば、ちとも私を挟みては済まぬもの也」「己を愛するは善からぬことの第一也」などと言っています。

己というのは、卑しいエゴである私です。人の上に立つ人というのは、自分が犠牲を払ってでも、その集団のために貢献すべきであって、その人が己を愛することが一番になったのでは駄目。リーダーが自分というものを捨てなければ、集団を幸せに導くことはできませんと、南洲は一貫して無私の精神を説いています。

明治維新の功労者たちが新政府を牛耳っていましたが、南洲は大変悲しんでいました。功労者たちが家屋を飾り、ぜいたくな衣服を着て、豪勢な生活をするために、多くの志士たちが犠牲となり幕藩体制を潰したのではない。そんな気持ちを抱えて薩摩に帰った南洲は、西南の役で死んでしまいます。

また、明治のときに欧米を見聞して、帰国後、近代産業を興していった福沢諭吉が、企業経営者、実業人というのはこうあるべきだと言っています。

「思想ノ深淵ナルハ哲学者ノ如ク
心術ノ高尚正直ナルハ元禄武士ノ如クニシテ
コレニ加ウルニ小俗吏ノ才ヲ以テシ
サラニコレニ加ウルニ土百姓ノ身体ヲ以テシテ
初メテ実業社会ノ大人タルベシ」

実業社会で立派な人、大人だといわれる人は、まず哲学者のような深遠な哲学を持っていなければいけない。また、そういうものを身につけるような努力をしなければいけない。心根の高尚さというのは元禄武士、ここで言っているのは四十七士、忠臣蔵のことですが、あの元禄武士が持っていた素晴らしい心根が要る。これに加えて、小俗吏《しょうぞくり》、つまり木っ端役人のように気が利いていることが必要。悪さをする人というのは気が利いているわけですよね。そういう小俗吏のような才覚、商才が要りますよ、と。さらに健康で努力家であって、初めて実業社会の大人たるべし。福沢諭吉はこう言っている。

私はこの文章に若い頃に遭遇し、経営者は利益を追求するだけではなく、どんな学者にも劣らないくらい素晴らしい哲学を身につけ、そして素晴らしい心根を育む人間でなければ、集団を不幸にしてしまうと思ったのです。

仏教においても、お釈迦様は、人間とはスタボン（ｓｔｕｂｂｏｒｎ、頑固）なもので、ちょっとでも心の手入れを怠ると欲にまみれてしまうと見抜いていますから、「足るを知りなさい」とおっしゃっています。「オレがオレが」「もっともっと」と、際限もなく欲望を膨らませていくのではいけないのです。

結局、偉大な哲学者も、偉大な宗教家も、人間が道を踏み誤って不幸に落ちていくのは、心の中にあるエゴがもとだと言っているのです。我々は努力をしながら、毎日毎日、反省に反省をしながら、この傲慢なエゴが、恥を知らないエゴが、自分の心を支配することを止めていかなくてはいけない。

大体、創業経営者というのは勝ち気です、アグレッシブです。同時に、欲も人一倍強い。そういう人がエゴを放置すれば、そのエゴが際限もなく自分をそそのかしていきます。「もっともっと」というふうになっていきます。それが、せっかくつくり上げた立派な会社を駄目にしていくもとではないかと思うのです。

私たちは自分の心の中に、良心という自分と、エゴという自分を同居させていることを認識する必要があります。言葉を変えれば、ピュアな真我と、卑しい自我が同居しているのが我々人間の心なのです。良心とエゴ、真我と自我が毎日のようにせめぎ合っているのが私たちの心です。せめぎ合いの中でエゴに心を支配された人が晩節を汚し、企業を潰し、自分の人生を駄目にしていった人たちなのです。従業員のためにも、従業員の家族のためにも、株主のためにも、お客さんのためにも、物を納めてくれる仕入先のためにも、あるいは地域社会のためにも、国のためにも、立派な経営をしていくということは大変重要なのです。だからこそ、経営者が個人のエゴに負けては困るのです。

そういう偉そうなことを言っている私でも、エゴと良心のせめぎ合いの中で生きているだけに、ちょっと油断しただけでもエゴが心の中に充満してしまうのです。今日誓ったことを明日けろっと忘れて、元の自分に帰っていくのです。たちまちにええかげんなことをしてしまうのです。エゴの最たるものは物欲です、名誉欲です、色欲です。あらゆるものに対して「自分が良かれ」となっていきます。だからストイックになって、自分の中に存在するエゴを横に置き、会社を守っていかなければならないのです。

人を育てる

中小企業の経営者は、頑張って経営をしておられます。中には、部下に任せっぱなしで遊んでおられる方もいるかもしれませんが、大体は一生懸命頑張っています。

ですが、本当に自分で経営を一生懸命にやっていこうと思えば、経営者というのは、これほどしんどいものはないと思います。全責任がかかる。自分で懸命に経営していらっしゃる人であればあるほど、とてつもなく大きな責任を感じる。考えれば考えるほど、責任の重圧に耐えきれないくらいでしょう。

そのくらい重圧を感じて、責任を負っている真面目な経営者の方々は等しく、自分と同じくらいに責任を感じて、経営を手伝ってくれる部下が欲しいと思わずにはいられないはずです。私の場合はまさにそうでした。

研究開発や技術改良、製造もやり、営業に出てセラミックスの性能説明をしたりと、本当に何でもかんでも自分でやっておりました。あまりに忙しいので、孫悟空の話のように自分の毛を何本か抜いてふっと吹くと、自分の分身が現れればいいのにと思いました。冗談ではなく、そのくらい自分と同じ気持ちになって、会社経営という重い責任を分担してくれる人が欲しいと思いました。

そこで私は組織を細分化して、そこに責任を持ってもらう人を立てていこうと考えたのです。小さな組織単位にしますと、入ってくるお金も少額なら、使うお金も少額です。勘定がしやすい。つまり知識や経験がなくても、ちょっと手ほどきすれば理解ができて、売り上げを上げるのに使った費用がいくらで、残りの収益がいくらだと考えることができます。そこに責任者を置いて、経営をうまくやってくださいよと指導して、任せていく。すると、経営者マインドが芽生えてきます。

一般に中小企業がうまくいかないのは、経営者には経営者マインドがありリーダーとしての意識があるが、従業員は別のことを思っているからです。従業員は給料をこれだけもらえると募集があったから会社に入ったのであって、仕事は勤務時間内で済ませたいと考えている。会社がどれくらい儲かっているのかということにはあまり関心がない。

雇われ人根性というのでしょうか。そういう利害が反する人をうまくまとめて、どう収益を上げていくか。それが経営者の力量です。

組織を細分化して、経営のトレーニングをすると、従業員の意識は経営者に近づきます。小さいながらも組織を取り仕切っていくと、ゲームみたいな面白みがあります。売り上げがいくら増えて、経費がいくらかかって、いくら利益が出て、というのはまさにゲーム感覚。するといつの間にか経営者マインド、オーナーマインドがしっかり育ってくる。

普通のサラリーマンのときは無駄があってもそのままだったのが、「もったいない」と気づく。例えば、廊下に無駄な電気がついている。経営者が「廊下の電気は切りましょう」と言うと、従業員はその場では切っても、自分1人のときにはなかなかそうしません。それが経営者マインドを持つと、自分から進んでこまめに電気を消すようになる。

こうして経営者である自分と同じような気持ちになってくれる人が1人でも2人でも増えれば、会社はうまくいくのではないでしょうか。

これがアメーバ経営です。アメーバ経営は企業にとって人を育てる仕組みですから、中小企業の経営で苦労している人であればあるほど、誰しもアメーバ経営のような仕組みに関心を持つはずです。

そもそも私は、株式会社という組織のあり方がおかしいのではないかと思っています。「企業は株主のものだ」と考える人が最近増えてきました。株主から任命された役員や社長が会社を経営するのが株式会社であり、オーナーである株主のために利益を上げようとする。そういう会社では、従業員から反発が出て、会社がうまく前に進まない。

そうではなく、株式会社という形はそのままで、パートナー制の会社はできないものか。全従業員が1人ずつパートナーで、自分の会社だという意識を持ったら、会社はもっとうまくいくのではないか。そう思って、アメーバ経営を始めたんですね。

ただ、自分自身が経理会計、数字が分かっていない経営者ではアメーバ経営を導入できません。アメーバ経営を導入しようと思うなら、損益計算書はもちろん理解する。勉強して、管理会計もマスターしてもらわないといけません。

そしてすべての計数、会計的な数字をクリアで、正確にする。そのためにはまず、社長である自分自身が、透明にしても問題がないという人でなければなりません。非常にフェアで、正直で、きれいな生きざまをしている人でなければ、アメーバ経営は導入できないのです。クリアにしてしまうと、自分の恥部が見えてしまうというのでは難しいですね。いいかげんなやつがやったって、誰もついていきません。

京セラがまだ中小企業で株式上場前でしたか、税務署が調査に来たことがありました。税務署の職員は手慣れたもので、一番に社長室に乗り込んできて、秘書に「書類に手をつけないでくれ」と言います。それから机の引き出しを全部開けて「社長の出張は誰が処理したのか。それを全部出しなさい」と。

「お宅の社長は出張するとき仮払いをすると思うが、どのくらい後で精算しますか」

「うちの社長は仮払いを1回もしたことがありません」

「え？ それでは、過去数カ月間の出張の書類を出してみなさい」

すると、会社の規定通りの経理処理がされている。「こんなはずがないでしょう。なんかおかしい」ということで、とことん調べられましたが、一切やましいことがないと分かって、それっきり税務署は社長室には入っていません。

それくらい非常にクリーンでないと、アメーバ経営は導入できません。みんなに、「クリーンにやってくれ、不正があってはならん」と言っておいて、社長だけ曖昧にしておくわけにはいきません。アメーバ経営では数字を非常に正直に扱います。部下にそれをやらせようとするなら、上もきれいな経理をしないといけません。

普通の会社は「役員になると月に300万円まで交際費を認める」というようなことをしていますね。それをばかな重役が、権利と間違っている。それが嫌だったものですから、京セラの場合は「交際費を使うな」とは言わん、交際費は使ってよろしい。ただ、きっちり理由と目的を書いてくれ、と。そういう意味では上限もないし、下限もない。

こうして組織の透明性を高めた上で、組織を機能別にきれいに分けてアメーバ経営を導入していくのです。営業、製造、原料部門といった機能別に分け、さらに細分化していく。そこに、任に耐えられるリーダーを任命し、教育していく。

小さな部門といえどもリーダーには、人格が伴っていないといけません。感情的で機嫌に左右されやすいタイプでは困ります。リーダーとして人間として、どういう人格で、どういう哲学を持っているのか。つまりフィロソフィ（哲学）が重要です。フィロソフィをリーダーに教育するのは経営者の役目です。

フィロソフィというと難しいことを考えがちですけれど、そうではないんですよ。極端に言いますと、「正直であれ。うそを言ってはならない」、あとは「誠心誠意努力をする」とか「自分の欲に負けない」とか。自分の欲に負けないというのは、自分を良く見せたいとか格好をつけたいというものを含めて、名誉欲や物欲を排除するということ。非常にプリミティブ（基礎的）なものでいいのです。

仏教では五戒といいます。五つの戒を守れというもので、殺してはならない、盗んではならない、うそを言ってはいけません、お酒を飲んではいけない、よこしまなセックスをしてはいけない――というものです。

殺してはいかん、盗んではいかん、だましてはいかんという前の3つはしてはいけない。でも私は、酒はほどほどにすればいいと思う。セックスのほうも全部駄目だとはいわん。

膨大なものじゃなく、たったそれだけでもいい。絶対におれはしないよ、ということをベースにフィロソフィを書き上げるんです。我が社はこういう考え方、こういう哲学で経営していきますと宣言するのです。仏教で慈悲という教えがあります。お客さんに対しても、株主に対しても、従業員に対しても、優しい思いやりを持つというのでもいい。そんなに難しいことじゃありません。

アメーバの小さな組織を運用するリーダーは、このフィロソフィをベースに「こうして商売を進めよう」とか「この数字のつけ方はおかしいのではないか」と考えていく。そうした判断基準は、社長自らが持っていないことには始まりません。正しいフィロソフィ、良いフィロソフィを使うにはまず社長自身がそれを勉強し、身につけたものを使うのです。

ただ中小企業の場合、実際に経営をやっておられるんですけれど、経営の軸になる哲学をお持ちでない人が大半です。

例えば、お父さんが中小企業を興し、自分はよその会社に勤めていて、お父さんの体が弱ったので帰ってくる。従業員20人くらいの中小企業で最初は常務とか専務とかで、お父さんと一緒にやっている。番頭さんもおるんだけれど、息子が帰ってきたということで一目置いてくれる。それで会社は何とかなっている。

ところが、常務とか専務とかの肩書をもらって、高い給料をもらって、何をしているのか。会社というものが何も分かっていない。なのに、青年会議所に行って、いっぱしの経営者みたいにしてみんなで侃々諤々《かんかんがくがく》とやる。それが面白くて会社の仕事より外の仕事にうつつを抜かす。そのうち少し有名になってくると、商工会議所のメンバーになったり。

それで、人に勧められて盛和塾に来てみると、鳩が豆鉄砲くらったみたいにぼーっとしている。「あんた、何のために経営してるの?」と私が聞くわけですよ。

すると、「おやじが後を継げと言ったからです」「もともと嫌いだったんです、おやじの職業が」……。多くの人がこんな感じでしょう。

中小企業を継ぎたい子供は、そんなにおらんですよ。ちょっと格好いい大企業に勤めていたのだが、少しいると大体自分の人生も見えてきたから帰ってきただけ。思い上がりの人が多いですね。そういう人たちですから、「あんた、経営者としてどんな自覚を持ってるんだ」と聞いても、答えられない。

「従業員は何人いますか」と聞くと、「30人います」と。「あんた、それは大変なことよ。あなたのところの会社に30人もいて、その1人に家族が3、4人いたら、それは百何十人を養うことと同じ。あんたが一生懸命経営せず、ボーナスが出ませんとか、リストラするとかになったら、従業員がかわいそうじゃないですか」と言ってあげる。

「あなたは、ただおやじの後を継いだのではなく、従業員を抱えている、雇用を守っていくという社会的な責任があるんですよ。それなのにあなたは、遊びほうけて、外の仕事にうつつを抜かしている。そんな暇があるなら、社業にもっと精を出して、従業員のために働きなさい。会社が立派であることは地域社会のためにも、日本経済や日本社会のためにも大事なことで、それをもっと自覚しなさい」

甘っちょろい考え方の人には、フィロソフィをつくりなさいという話をしてあげる。心を入れ替えて勉強すると、自分自身も変わってくる。従業員に対し、「これから私はこういう考えで経営していく」と話すようになる。すると、「うちの専務は変わってきた」「あの専務ならついていこう」とみんなが思うようになり、まとまってくる。会社がうまく回り出す。

おやじの時代からがらっと変わってきたと言われ、喜びにつながる。そうしてもっと会社を立派にしていこうとしたら、自分の分身が要る。そのために、アメーバ経営を使おうとなるのだと思います。アメーバという管理システムと、哲学であるフィロソフィは、不即不離の関係です。

アメーバの弱点というのはあるかどうかは分かりませんけれど、あまり感じていません。総務や人事部門、あるいはコンピューターで完結するような仕事の場合は、アメーバが機能できないこともあるかもしれません。そこはフィロソフィで律すればいいと思います。

アメーバ経営で陥りやすいことを強いて挙げれば、どうしても評価が数字で出てきますから、数字を良く見せたいという誘惑に駆られて、気の弱い人が数字の不正、つまり誤った情報を出してしまうことでしょうか。自分のアメーバがうまくいっていると上層部に思わせて、後で大きな問題を起こすということです。そういうことを防ぐため、フェアであると同時に勇気があって、卑怯な振る舞いをしない人をリーダーに据える。

また、従業員の中には「自分は他人から言われた通りにやっていきたい」という人もかなりのパーセンテージでいます。自分にリーダーは向かない、そのほうが気が楽で、という人です。

でも、そういう人をどう燃えさせるか、というのも社長の役割なんですね。能動的ではない人を積極的な人に変えていくにはどうすればいいか。自分が頼られていると思うと、人間って応えるんです。「頼むよ」と言って、頼られているという認識を持たせる。すると、よほど冷たい人でない限り、応えようとしますよね。

一番いい方法は、やはり一緒に酒を飲むことです。飲みながら、社長が気持ちを伝える。最初の頃は取ってつけた飲み会でもいい。20人、30人の従業員がいれば「今日は誰それさんの誕生日だから、みんなで簡単な飯を食おう」と。ビールでも出してみんなでハッピーバースデーを歌いながら、飲んで食べるわけです。その場で「あんた、昨日の仕事は良かったよ」と言ったりして、やる気に火をつけるのです。

昼間の会議中に話すのと、夜に酒が入って話すのでは違います。上も下もなく、社長が従業員と同じレベルまで下がって、ビールをつぎながら餃子でもつまむ。そうすると気持ちが1つになってくる。経営者は自分からそういう輪の中に入っていって、自分の給料からビール代ぐらいおごってあげるべきです。何もビールでたぶらかそうというのではないですよ。そういう場でみんなが心を開いて話をすることで、従業員が経営者に近い気持ちになって、協力してくれるようになるのです。

私も若い頃、従業員とよくお酒を飲みました。どういうときにそう感じたかは覚えていないんですが、たぶん慰労会のようなことをしたり、社員旅行に行ったりしたときに、ビールを飲んでみんなと話をすると非常にくだけて心を開いてくれて、私が言ったことがすっと通ずるということがありました。そういう体験が積み重なり、哲学的なことを部下に伝えていくには四角四面で話をするのではなしに、酒を飲む「コンパ」という場を設けて、こちらもリラックスし、向こうもリラックスさせて話をしていくことが、浸透していくもとだと思うようになったのです。

ＪＡＬの場合もしょっちゅうと言っていいほど、部下の連中とコンパをしました。仕事が終わった後、夜６時頃になると缶ビールと、スルメやピーナッツなどの乾き物を机の上に並べて飲む。幹部や従業員、みんなから１０００円ずつお金を徴収しましてね、そして先ほどまでやっていたフィロソフィ教育を、一生懸命に確認し合うのです。

最初の頃は「コンパなんて」という気持ちがＪＡＬの従業員にありましたが、それを全部壊しました。幹部もキャビンアテンダントの人も整備の人も、１テーブルに６人か７人か、みんなごっちゃでコンパの輪に入りましてね。私も中に入って「あんた、どっから来ました」「はい、北海道の支社から来ました」というように、社長も会長も専務もみんなで侃々諤々と話すということを繰り返して、意識改革を進めてきました。

私のやっていることはプリミティブかもしれませんが、経営というのは一握りの経営陣がいくらしゃっちょこばってやってみても知れています。けれど、〝中に住む〟全従業員が立ち上がれば、千人力になるのです。うまくいっていない会社というのは全従業員を奮い立たせて、経営に協力してもらっていないのです。

奮い立たせるには、経営者が心からこのように強く訴えることです。

「会社の経営の目的は、〝中に住む〟全従業員の幸せを追求することです。それ以外には一切ありません。だからみんなもこういう考え方、こういう哲学でもって一緒に協力をしてください」。そうするとみんながその気になってやってくれる。全従業員が心から会社を良くしようと必死で頑張ってくれるのです。

一見プリミティブに見えるけれども、それによって心を震わせることができ、従業員が奮い立つのです。現代の資本主義社会は、程度の差こそあれ成果主義であり、「頑張ってくれたら給料も上げますよ」と欲望を釣ることでモチベーションを上げています。私に言わせれば、現代の資本主義は非常にレベルの低いことしかできていない。

この間、ある人に聞いたんですが、アメリカの大企業では昨今、配当性向が8割、9割がざらだという。中には過去の蓄積を吐き出して、120％という配当性向にしている会社もあるらしい。びっくりするような配当性向がアメリカで横行している。

「何で、そんなことになってるの」と尋ねたら、「株主や投資家がもっと配当をよこせ、よこせと言うから」だと。しかも、アメリカのエグゼクティブ（経営幹部）の人たちは、配当とリンクして報酬をもらえる仕組みになっている。株主にこれだけのことをしてあげるのだから、功績を上げた経営陣にも、という考え方です。そのため、あまりにもひどい格差社会が出来上がっている。

エグゼクティブの連中は日本円にして何十億円という年俸をもらっており、一方でアメリカのワーカーの給料は日本とあまり変わりません。ウォールストリートで、労働者が「1％の富める人が、残り99％の人とすさまじい格差がある。不公平だ」とデモをしたこともありましたね。

日本企業もどんどんグローバル化したことで、日本本社の社長のほうが、アメリカの子会社の社長より報酬が少ないということになりかねない。それで「日本のエグゼクティブは、アメリカに比べて報酬が少ない」と声が上がってきました。

ほんの少し前は年俸で1億円もらう人はそんなにいなかったと思うのですが、3億円、4億円もらう人が日本でも出てきました。これではますます成果主義の考え方が進み、社会的に非常に不安定になっていくのではないかと、私は心配しています。

人間というのはもっと高貴な精神を持っているのです。物理学的に言いますとそれを励起《れいき》させれば、ものすごく偉大なことができるはずなのに、それに誰も気がつかない。

こうした自分の経営について、私は分かりやすい表現として「プリミティブな哲学ですが」と言うもんだから、みんなが「確かに、そんなのは基本的なことに過ぎない」と考えてしまいますが、実は高貴なことを実践しているのです。

盛和塾

「おやじの後を継ぎたくない、中小零細企業なんていうのはみっともない」。そう言っていた息子が、おやじさんの説得を聞き入れて帰ってきたのはいいのですが、惰性で経営している例がよくあります。「おれはいい大学を出て、大きな会社で力を発揮していたのに、おやじのために帰ってきてやったんだ」という気持ちでは絶対にうまくいかない。最近盛和塾に入ってくる人には、そういう2代目、3代目が非常に多い。

そんな息子たちは経営者としての自覚が何もない。努力もしない。それなのに専務などの肩書と、高い給料をもらって偉そうにしている。苦労して働いている従業員から見たら、「何と人間ができていないやつが専務面《づら》をしているのか」と嫌になる。経営のケの字も知らんくせに経営者ぶっておるものだから、会社がうまくいかなくなるのは当然です。

やり方によってはもっともっと伸びていきそうな中小企業が、世襲によって駄目になる。そんな息子が盛和塾に入ってくると、コテンパンにやります。「経営とはそんなもんやない、根本から考え直しなさい」と教えています。経営とはかくあるべし、ということにそこで初めて気がついて、ようやくゼロから動き出すのです。

私が盛和塾を始めたのも、経営とはそんなもんじゃないと教えたかったからです。大学の経済、経営学部を出ても、ほとんど会計を学んでいない。税理士や会計士に月々お金を払って帳面を見てもらい、「今月は儲かりましたよ」「今月は赤字でしたよ」と教えてもらって、「ああ、そうですか」というやり取りだけ。どうすれば黒字や赤字になるのかを理解していない。そういう人たちが経営をやっている。

もちろん経営者がどんな考え方、哲学を持たなくちゃいけないかなど、ちっとも分かっていない。日本の雇用を守っているのも、経済を底辺で支えているのも、間違いなく中小企業なのに、そこの社長が、見よう見まねで経営をするなんておかしい。

日本の場合には、中小企業の経営者になって、経営を教えてもらう機会がまずありません。本当は経営者育成学校というものがなけりゃいかん。中小企業を本当に良くしていこうと思えば、経営者を育成する場がいると思うんですね。

では、大企業の経営者は経営が分かっているかというと、それもサラリーマン上がりだからよく分かっていない。会計を理解していない営業畑のリーダーが専務くらいになってから、やっと経営に必要な会計を覚えている。それから社長になるのでは遅い。サラリーマンも、会計、経理、簿記を教わらないと。経営というのは、事業活動により結果として数字を作り上げていくことですから、しっかり勉強しないといけません。企業にお金を貸す銀行員でも簿記を知らない人がいます。それが支店長でふんぞり返っておるわけです。そんな人が中小企業の役員として入っても、何にも役に立たない。

真の経営を学べる経営者育成学校というものがほとんどないから、それなら私がということで盛和塾をつくりました。今では8000人ほどが学んでいます。どうして盛和塾にこれだけ大勢の経営者が集まるのかというと、3つの理由があると思っています。

まず、中堅・中小企業の経営者というのは、企業経営の責任がどっしり自分の肩にかかっている。順調にいっている人もそうでない人も含めて真面目な人であればあるほど、どういうふうに経営をしていこうかと責任感に押し潰されそうな毎日を過ごしておられると思うんです。そういう意味で、経営のトップは孤独だとよく言われます。

極端に言いますと、自分が持っている悩みをナンバー2、ナンバー3とも共有できない。信頼できる腹心であっても、悩みをべらべらしゃべるというのは問題がありますから、心の奥底に秘めて1人で決断をしなければなりません。かわいそうなくらい孤独な心境です。家に帰って奥さんに話すというわけにもなかなかいきません。

そこで同じような悩みを持った経営者が盛和塾に集まり、人に言えないような悩み、苦しみを共有してくれるというのは大きい。同じ経営者に自分の弱み、悩みを打ち明けても危害が及ぶわけでもないし、逆に、共感して励ましてくれる。この人たちなら信頼して何でも話せる。そういう安心感があるのでしょうね。

2番目は、やはり何といっても経営者は、経営のあり方で悩んでいる。「こうすればいいんですよ」というものが欲しい。最大の悩みは、従業員をどうまとめていくかです。どういう理念と哲学で引っ張っていけばいいのか。当然、お金で引っ張っていく、あるいは名誉で引っ張っていくという考え方をする人も出てきます。中小企業の経営者というのはこう言っては悪いですが、勉強している人がそういるわけではない。そのため結局は体育系の人ですと、「おれについてこい」となってしまう。

そうではなくて、従業員を引っ張っていくのは、経営者の人間的な魅力なのです。その経営者がどういう考え方、どういう思想を持っているかということでしか引っ張れません。経営者の魅力でもって、じっくりとみんなを魅了して引っ張っていく。

そのときに一番大事なのは、苦労は人格を高めるということです。苦労のない人間は魅力もありませんし、従業員もついてきません。「私はこういうことをしてきました」と苦労をしゃべると、それなりに様になって、従業員も「ほう、そうか」と感じる。「最近のうちの社長は、ぐっと品格が備わってきた」と思う人も出てくる。

この盛和塾に来れば、そういうことにはっと気づくのです。そしてメモを取って自分の会社に帰る。盛和塾に来るたびに、いろんなものが発見できるものですから、非常に楽しいんだろうと思います。

3番目は、盛和塾には、経営者として向上したいと思う人たちが集まっていることです。経営者の人間性を磨く中で一番大事なものは、思いやりです。仏教でいう慈悲の心ですね。そういうものがベースになかったら、自分だけが儲けようという考え方になってしまう。思いやりは、企業が利益を追求することと逆のように見えるけれども、そうではない。お客さんを大事に従業員を大事に、みんなを良くしてあげることが一番。盛和塾では、どの塾生としゃべっても、利他の精神というのが出てくる。

今時、ここまでくそ真面目な人たちというのは、ほとんどいないのではないでしょうか。それくらい、この盛和塾では、利他という言葉や考えが非常にポピュラーに会話の中に入っている。そういう心、信条を持った人は、みんな相手のことを思いやるものですから、空気が和やかでいいんです。

私は、講演をしてくれと頼まれてもあまり行かないのは、利他という話を言ったところで、聞いているのが「オレが、オレが」という人が多いので雰囲気が悪い。中には賛同してくれる人はいるかもしれませんが、ほとんどは「格好いいことを言ってるけれども偽善じゃないの」と蔑んでいるような人たちです。アトモスフィア（空気）が汚れているんですよ。表情も違いますし。盛和塾にはそういうものがないから、みんな楽しいのですよ。だから忙しい時間を割いてでも来るわけです。

今の社会は、ベーシックな規範そのものがなくなってしまっています。企業の中にもない。この世の中から、規範がなくなってしまっているということが前提で、私は盛和塾をやっているわけですね。それを教えてあげましょう、と。

私の年代には、道徳といいますか、親も子供をよくしつけていた。今は子供を厳しく育てることはとんでもない、という風潮すらあります。自由人として育てられてきている人たちばかりです。原始的な、ベーシックな、プリミティブな原理原則というのを忘れて、誰も自分勝手に生きればいいとなっている。

私の場合は、たまたまプリミティブと思われるような倫理観をベースに経営判断してきたことが、良かったと思います。それは、経営の経験がなかったために、それしか頼るものが私にはなかったからです。皆さんもそうされるといいです。そういうプリミティブな倫理観がなければ、人生を誤る、経営を間違えるということは歴史が証明しているにもかかわらず、誰も気がつかなかった。

以前、村上ファンドの元代表、村上世彰さんが「儲けて何が悪いんですか。私は悪いことをしていない、どんどん儲かっただけですよ」というようなことを言われた。ライブドアの社長だった堀江貴文さんも、結局経営が何たるかも分かっていなかった。恐ろしい、というか、もうそれが当たり前になってしまっているんです。

利己的に物事を考えていく自我と、博愛に満ちた優しい思いやりの真我。人間はこの2つを心の中にみんな持っているんです。真我というのはおとなしいので、なかなか表に出てきませんが、自我というのは「オレが、オレが」という気持ちで表に出やすい。仏教では煩悩と言いますが、この煩悩を抑えなかったら美しい行為、優しい行為というのは出てこないと言われておるんですね。自分の心が2つあるということすら、誰も気がついていないでしょう。みんな自分というのは自我だけを持っていると誤解している。真我という、優しい思いやりに満ちた美しい心がある、ということを知らない。

自我の命ずるままに歩けば、人間関係もうまくいくわけがありません。家庭内でも、おやじはおやじで自分勝手だし、奥さんは奥さんで自分勝手。自我と自我がぶつかり合っている。それでは家庭も社会もうまくいきませんよ。自我の心と真我の心。利己と利他。それらが人間の心の中には同居しているんです。だからプリミティブな倫理観で、自我、利己のほうも抑えることをしなくてはいけませんよ、と私は盛和塾で言っているのです。

第二章

門下生は考える

師曰く――

「経営は才覚じゃない」

「経営者とは何か。この問い、なかなかいいじゃないですか。やや哲学的で、答え方が難しいけれど、やはりこれにダイレクトに答えられるかどうかが、盛和塾に入って稲盛フィロソフィをどれだけかみ砕いて自分のものにしているかという、まさにリトマス試験紙みたいなものじゃないかと思うんです。私も経営者として、本当にいろいろと経験を重ねましたからね。少しは参考になるお話ができるかもしれません」

坂本孝。東京・銀座で「俺のフレンチ」「俺のイタリアン」などの人気レストランを経営する、「俺の株式会社」の社長だ。もしかしたら、「ブックオフコーポレーションの創業者」と言ったほうがピンとくる人がまだ多いかもしれない。

坂本が中古書籍を販売するブックオフを神奈川県相模原市で創業したのは、1990年。それまでの古本屋のイメージを払拭した明るくて広い店作りは、瞬く間に消費者に受け入れられた。坂本が社長、会長を務めていた頃は国内外に800店まで拡大。2005年には東証1部に上場も果たした。

だが、2年後の07年、「週刊文春」がブックオフ社内の不祥事を告発する記事を掲載。坂本は架空売り上げ計上の責任を取り、報道の翌月に電撃辞任した。

「今さら言ってどうなるものでもありませんが、実際に水増しをやった幹部が会社を辞め、週刊誌にネタを提供した。額としては全社の売上高の何千分の一です。その話を膨らませて書き立てると、ああなるわけです。幹部に裏切られたとも思いましたよ」

人はどこまで信用できるのか。ブックオフの会長職を辞した後、坂本は悶々と悩む日々を送った。性善説と性悪説が、ぐるぐると頭の中で揺れ動いていた。そんな中、救いを求めるように通ったのが、盛和塾だ。

坂本の入塾は1995年と、塾生の中でも古株に入る。ブックオフの成功でメディアに大きく取り上げられるようになってからも、また株式上場してからも、ずっと盛和塾に足繁く顔を出し、稲盛の講話を聞いていた。

実はこの退任劇の最中、坂本は稲盛に計3回、相談に行っている。

「行ったというか、塾長のほうから『(東京・八重洲にある)京セラ事業所に来なさい』と連絡が来たんです。『あなたは盛和塾で勉強するふりをしていたのですか。一体何を勉強していたのか』と、ガツンとやられましたね。何でこんなに怒られるのかと思いました。後で思えば、今までのしがらみを断ち切り、『もう一丁やってみろ』と再起を促す叱咤激励だったのだと思います。報道の真偽をただすようなことは、全くありません。ただ、『事件が起こったのは、やはりあなたの心の中の何かがそうさせたんだ』ということを言われました」

あなたの心の中の何かがそうさせた……。坂本の胸に、その言葉がぐさりと刺さった。

一体、何がまずかったのか。むしろ自分は被害者だという怒りを抑え、「心の中の何か」を来る日も来る日も探し続けた。そして坂本はこう思うに至った。

「やはり慢心でしょうね。ブックオフを創業して東証1部に上場し、時価総額で500億円の企業にした。マスコミからもちやほやされました。そこで自分が慢心して、謙虚さがなくなったように思います。高い山に登るときほど用意周到に計画しますよね。上を目指して登っているときは、用心して進みますから簡単には慢心しません。でも当時は、山を登り切った状態だった。日本では圧倒的なナンバーワンのシェアを取り、2番手以降を寄せつけなかった。このビジネスモデルは世界にもありません。実際、世界各地にブックオフを展開したら、どこもうまくいった。書籍で培ったノウハウを他の中古品のビジネスに広げた。有頂天になって、登頂した山のてっぺんに腰掛けて酒を飲んでいたということでしょうね。次に挑戦する山を自分で見つけられればよかったんですが」

本当に慢心なのか。そう意地悪く聞くと、坂本はこう答えた。

「……どうなんでしょう。自分のことは、本当のところは自分には分かりません。しかし、何もなかったら事件は起こらなかった。何かきっかけがあったんですよ。それは私の心から発したものだと思います。それが何かは分からない。ただ何かはあった。あのような事件を引き起こしたこと自体が、私の『社長の器』に何かが欠けていた証拠です。『不徳の致すところ』という言葉があります。自分自身の不徳に気づき、それをどこまでも深く自覚するより他にない。言いたいことはのみ込んで『あれは私の不徳でした』と、そう言い切らないといけません。稲盛塾長は常にこのように言っています。『困難が来たのは、あなたが完璧じゃないからだ。だがその困難は、努力すれば必ず越えられる。困難を乗り越えることによって、人間が一つひとつ大きくなる』と」

坂本は40年、甲府市に生まれた。実家は精米・精麦会社を営んでいた。経営状態は良くなかったようで、父親と祖父は、毎晩のように茶の間で資金繰りの話をしていたという。「この得意先からお金を回収すれば、月末に銀行に返せるな」。そんな話をBGM代わりにしながら、坂本はすぐ隣で食事をしていた。

こうした子供時代を送った坂本の細胞には、「食いぶちは自分の力で稼ぐもの」という考え方がしっかりと刻み込まれている。サラリーマン経験はゼロ。東京の大学を卒業すると家業を手伝い、農協の下請け仕事に我慢できずに30歳で独立すると、オーディオ機器の販売や不動産業など、次から次へと事業を立ち上げてきた。1つの事業に見切りをつけて新しい事業に移るというのは、坂本にとっては「転勤のような感覚」だという。

「根っからの事業家だと自分でも思います。だからサラリーマンが上司の言うことに屈して、ふて寝するという気持ちが、私には理解できないんですよ。ふて寝するくらいなら、自分で事業を始めればいいじゃないかと首を傾げてしまう。この思考回路は、やはり生い立ちによるものでしょうね」

事業家としての戦績は「2勝10敗」。2勝のうち1つはブックオフ、もう1つはその前に手がけた中古ピアノ販売業だ。10連敗を重ねた後にようやく見つけた、大きな事業の可能性。ブックオフは創業5年目にして、直営店とフランチャイズチェーン店を合わせ、早くも100店を超えた。表向きには順風満帆だった。

ただ、坂本の胸には釈然としないものがあった。

ブックオフのビジネスモデルの生命線は、本の買い取りにある。お客に本を繰り返し売りに来てもらうには、買い取り価格以上に接客がカギを握る。だが、当時加盟店オーナーにそのことをどんなに訴えても、なかなか響かなかった。従業員教育に力を入れなくても、真新しい中古書店はそれなりに繁盛していたからだ。このままでは、チェーンが瓦解しかねない。どうすれば加盟店オーナーの意識を変えることができるのか。

そんなとき、坂本は書店でたまたま1冊の本を手にする。そこにはこんな言葉が書かれていた。

会社というのは、社長1人のものではありません。従業員みんなの幸せのためにあるのです。だからまず、社長が自らの心を磨くのです。そして、人のために尽くす、人のために汗をかく、ということが大切なのです――。

坂本は納得がいかなかった。「心を磨いてどうするの。もっと分からなかったのは、人のために尽くすという利他の心。当時の私は、例えて言うなら自分の頭にくっついているハエも払えないほど、経営に忙しかった。世の中の経営者も普通は目の前のこと、自分のことでいっぱいでしょう。余裕があるなら理解できるけれど、余裕がないのに利他の心を持てるわけがない。そう思って著者名を見ると『京セラ創業者 稲盛和夫』とあった」

首を傾げながらも、なぜか坂本は本を手から離すことができなかった。不思議な感情にとらわれたまま、吸い寄せられるように盛和塾の門をくぐる。

世の中に儲け方を教えるハウツーの講座はごまんとある。きっと盛和塾でもハウツーについて話すのだろうと思っていたら、大間違いだった。どうすれば儲かるかということには一切触れない。なぜ、人はこの世に生まれてきたのか。そんな哲学的な問いを掲げて、滔々《とうとう》と説いている。坂本は目を丸くした。

しかも稲盛はこう言い切った。

「人が生まれてきた理由、それは魂を磨くことです。魂を磨くために、この世にはいろいろな喜びがあり、そして悲しいこと、苦しいこともある。人によって生き方はそれぞれでしょう。ある人は家族を幸せにするため、またある人は自分の名声のため。ただ、魂を磨くことは、それらの根底にある人類共通のもので、みんなに平等に与えられている生き方です。特に人生の後半というのは、魂を磨くためにあります」

稲盛が発する気と共に、それらの言葉が坂本の体の中にすっと染みた。坂本は盛和塾に足繁く通うようになり、次第にこんな確信を得ていく。

それまでは自分のことしか考えていなかった。自分がお金を儲けること。自分が良い暮らしをすること。自分の名誉を高めること。だが自分のことだけを考えている経営者に、誰もついてこない。ノウハウさえもらえればいいという加盟店オーナーの気持ちを変えるには、まず自分が変わること。利他の心、つまり自分以外の人間をどれだけ幸せにできるかという心に転換しなければ会社はうまく回らない。

もともと事業欲が旺盛な坂本だけに、欲望の向かう先を自分から他人に方向転換したことで、ブックオフは成長を加速する。ブックオフの成功は、稲盛哲学と共にあった。

だがそんな坂本が、夢にも思わなかったかたちでブックオフを後にした。退任直後は、事業家一筋の人生に区切りを打とうと考えたという。

「いっそハワイでコンドミニアムでも買い、ゴルフ場のオーナーになって酒とバラの日々を送ろうかとも考えました。もう70歳も間近でしたしね。けれど、塾長に叱られて考え直しました。塾長は最初、険しい形相でしたが、帰り際には『何でもいいから困ったら相談に来い』と言ってくれた。いつでも見てるぞ、という塾長の激励は心強かったですね。塾長は常々こう言っています。『自分1人だけが幸せになるのではなく、周囲の人々と1つの集団を作り、その人たちを幸せにせよ』と。私自身、ブックオフでやり残したこともあったので、もういっちょやってやるか、と。しばらくすると、私より8つも年上の塾長が全身全霊でJALの再建に打ち込んでいる。あの姿を見て、ハワイに引っ越さなくてよかったと思いました。隠居していたら、塾長に合わせる顔がありませんから」

坂本がブックオフでやり残したのは、個人の力を青天井に伸ばせる、社員独立の仕組みづくりだという。誰かの指示の下に働くのではなく、できるだけ多くの従業員が経営者のマインドを持ち、自分の裁量で仕事ができる新しいビジネスモデル。

「人間の潜在能力はすごいと思うんです。力を遺憾なく発揮してもらうため、のれん分けの進化形のような場を提供したかった」。雌伏の期間を経て、坂本は２００９年に飲食事業の会社を立ち上げる。

飲食業界に着目したのは、料理人の境遇を見聞きしていたからだ。どんなに修業を重ねても、料理長にならなければ自由に料理を作れない。給与水準が低いため開業資金もままならず、志半ばで料理の世界から離れてしまう人が多い。それでいて飲食業界なら、小さな個人店が魅力ある料理を提供すれば、巨大資本のチェーン店と対等に戦える。個人の力で勝負しやすいのも、坂本の構想にはうってつけだった。

ただ、手始めに焼鳥店を開いたがさっぱり。お客を呼び込むために生ビールを99円で販売するなど大衆居酒屋と同じ戦法に手を染め、失敗続きだったという。そこで徹底調査をかけた。不況といわれる中でも好調の飲食店はある。そんな繁盛店を１００店抽出してみると、ミシュランの星を獲得した一流店か、格安の立ち飲み屋がほとんどだった。ここから着想したのが「ミシュランクラスの料理人が作る、立ち飲みの店」。立ち飲み形式で客席回転数を上げることで、他店なら数千円する高級料理を1000円程度で提供可能にした。このコンセプトが大ブレークし、数カ月先まで予約が取れない店になる。

事業家として再び勝ちを収め、これで3勝10敗にした。やはり坂本には商才があるのだろう。そう尋ねると、坂本は首を大きく横に振った。

「私の才能は人並みです。だって10敗もしているのですよ。一生懸命に稲盛フィロソフィを実行しているだけです。それにあるとき、塾長もこう断言しました。『経営の原点12カ条を愚直に実践すれば、京セラクラスの会社は誰にでも簡単にできる』と。つまり『経営は才覚じゃない』と。それを聞いて、私はものすごく勇気が湧きました」

「経営の原点12カ条」とは、稲盛が創業時にまとめた「経営のエッセンス」とされている。

1 事業目的・意義を明確にする
2 具体的な目標を立てる
3 強烈な願望を心に抱く
4 誰にも負けない努力をする
5 売り上げは最大限に、経費は最小限に

6 値決めは経営
7 経営は強い意志で決まる
8 燃える闘魂
9 勇気を持ってことにあたる
10 常に創造的な仕事を行う
11 思いやりの心で誠実に
12 常に明るく前向きで、夢と希望を抱いて素直な心で経営する

坂本はこの「経営の原点12カ条」を、ブックオフ時代も、そして今の飲食事業を興してからも日々心に留めて経営してきた。「私には才能はないが、塾長の教えを『信じる力』が他の人より強かったのかもしれません」。坂本はそう考えている。

72歳にして再びメディアの脚光を浴びるようになった坂本だが、稲盛との師弟関係はこれからも変わらない。

「塾長の教えをどのくらい学んだかというと、おそらく1割だと思います。盛和塾の勉強会では稲盛塾長に直接質問できる時間があるんです。『私は父親の事業を引き継いで、経営

をしてきました。しかし弟と衝突して困っています。私はどうすればいいのでしょう』といった人間臭い相談が塾生からたくさん出る。私はこのとき、塾長の答えを頭の中でシミュレーションするようにしています。

でも、ほとんど不正解。10個のうち1個くらいしか正解しない。そうか、こういう考え方をしなくちゃいけないのかと、毎回ハッとさせられます。ですから、謙遜でも何でもなく、稲盛哲学の10分の1しか学んでいないのです。学ぶことが9割も残っているのに、塾長はJALですごいことをやってのけて、さらに先に行くわけですよ。途方もない気持ちになります。でも、まだまだ未熟者だと自覚して、死ぬまで努力を続けられる人しか、経営者にはなっちゃいけないのだと思います。この年になっても、この人についていこうと思える師匠がいる私は幸せかもしれませんね」

師曰く――

「経営とはどういうものか、
これから見せてやる」

米子空港から左手に日本海を眺めながら、車を走らせること20分。表通りから一本路地に入った住宅街で、大畑憲は出迎えてくれた。

大畑は鳥取県米子市で、ダックスという会社を30年以上経営している。カーディーラーや消費者を相手に、車のガラスを販売・交換するのが事業の柱だ。山陰・山陽エリアを中心に首都圏や東北など、全国に約20店を展開。大半の同業者は地元県内だけで経営しており、ダックスのように全国に積極展開する会社は珍しい。この業界で大畑の名前は、ちょっとした風雲児として通っている。

実はダックスの本社は、大通り沿いの開けた場所にある。この住宅街にあるのは旧本社で、社員研修のときだけ使っている。普段は人けのない旧本社を訪れた理由は、ただ1つ。ある部屋を見せてもらうためだ。その名も「稲盛和夫の部屋」。

「稲盛和夫の部屋」と控えめな字で書かれたドアを開けると、大人の背丈ほどもあるガラスケースが目に飛び込んできた。中をのぞき込むと、実際に稲盛が口をつけたグラスや、サイン入りの著書が飾られている。「稲盛塾長の温もりがあるグラスをどうしても手元に置いておきたくて、盛和塾の例会があったホテルのスタッフに頼み込み、こっそりもらってきました」と大畑は頭をかく。

奥に進むと稲盛の全著書、全映像作品がそろう書棚がある。そして壁一面には稲盛のパネル写真の数々。にこやかに笑っている顔、険しい表情の顔、托鉢修行をしているときの神妙な顔。大畑は経営のことで迷うと、「稲盛和夫の部屋」に1人でこもり、稲盛ならこの局面をどう切り抜けるのかと沈思黙考してきた。毎年元旦には稲盛の写真の前で最敬礼し、新年の誓いを立てるのが習わしになっている。

「この部屋は私の神聖な場所です」

大畑にとっては、さながら礼拝室か告悔室といったところか。建物の構造上、奥の部屋からトイレに行くときは、この「稲盛和夫の部屋」を通らなくてはならない。心に後ろめたさがあるときは、すべてを見透かすような稲盛の視線を感じ、思わず足早に通り抜けてしまう。経営に自信があるときは、無意識のうちに胸を張ってゆっくり歩いている。

アイドルファンさながらのフリークぶりを見せる大畑は、盛和塾生の間で「追っかけ」と呼ばれている。盛和塾では年に十数回、稲盛が直々に出席する塾長例会を開催。全国各地を順繰りに回り、毎回1000人前後の塾生が参加する。多くの塾生は、地元や近隣都市で開催する例会に参加するだけだが、大畑のような「追っかけ」の場合は、塾長例会の年間予定をスケジュール帳に書き込み、よほどの緊急事態が発生しない限り、すべての塾長例会に駆けつける。大畑のような、熱烈な「追っかけ経営者」は数百人いるという。

それなのに大畑が稲盛と話すことは、最近はあまりない。

「入塾した頃は塾長に何でも相談できましたが、だんだん怖くなってきましてね。会えば会うほど、怖さが増す。普通の人間関係は会うほど親しくなりますが、逆です。塾長は一見すると柔和なので、最初は結構近寄れるんですよ。うれしいな、京セラの創業者と話ができるよ、とそんな感じ。けれども次第に塾長のそばに行けなくなる。畏敬の念って言うんですか。体が硬直しますもん。そんな塾生は結構多い。地元に帰ると大きな会社の会長や社長が、塾長の前だと新入社員のように直立不動。僕も典型的にそうです」

稲盛は、いかにも成功者然とした経営者ではない。食事も質素で「吉野家」の牛丼をこよなく愛し、その愛好ぶりを聞きつけた吉野家本社から特別にプレゼントされた「マイどんぶり」を宝物にしている。その素顔は庶民的だ。塾長例会では、塾生と冗談を言い合う光景もよく見られる。大畑は稲盛のどこに畏れを感じるのか。

「口先だけじゃないってことですよ。象徴的なのがＪＡＬの再建です。あそこまで多額の借金を抱えた官僚体質の会社を再建するなんて困難極まりないし、ましてや塾長は高齢です。創業するのとは勝手が違うだろうし、京セラやＫＤＤＩと業種もまるで違う。立派な経営者として名声を上げた塾長が火中の栗を拾って失敗したら、それこそ晩節を汚しかねない。メディアの風潮も懐疑的でしたが、僕もそう懸念していた1人でした。塾生の多くが『やめてもらったほうがいいのでは』と口々に言っていた」

そんな声が耳に入ったのかどうか、稲盛は塾長例会でこう話した。

「私は3つの大義のために全身全霊をかけてJALを再建する。1つ目は日本経済への影響。2つ目はJALの従業員を守るため。3つ目は健全な競争を維持し、国民へのサービスを守るため。経営とはどういうものか、これから見せてやるから、よう見ておけ」

盛和塾で学ぶ経営者は8000人を突破した。普段、「経営はかくあるべし」と説いている稲盛が、8000人が凝視する前で自ら手本を示す。師匠として、失敗したら言い訳が立たないのは、稲盛自身が一番分かっていたはずだ。「そこまでしてくれる経営者が他にいますか。その覚悟だけでも素晴らしいのに、短期間でJALをV字回復させた。もうね、ハハーッってひれ伏すしかない。神様です」。大畑はそうまくし立てた。

大畑が「追っかけ」になったのは1995年頃だ。

松江市の高校を出た大畑は車のガラス販売会社に入社した。だが、しばらくすると会社の経営状態がおかしくなる。米子営業所で責任者を務めていた大畑は、親しくつき合っていたガラスメーカーの担当者から、「応援するから、米子地区で独立しないか」と持ちかけられる。こうして80年にダックスを創業した。

当時の業界はガラスメーカーごとに系列の販売店があり、競争がほとんどなかった。「黙って口を開けていたら仕事にありつけた」という商売は、すぐに軌道に乗った。

ただ人の問題では苦労した。出来たばかりの会社で、仕事は肉体労働。スーツ姿で面接を受けに来る人は皆無だった。だらしない格好をしていたり、いかにも暴走族上がりの風貌だったり。中にはミラーボールのように七色に髪を染めた若者もやってきた。

努力したことがないので、「もっと仕事を頑張れ」と先輩に叱られても、頑張り方が分からない。大畑曰く「学力、スキル、向上心。三拍子そろって、すべてがない」。思うような人材を採用できず、定着率も悪い。辞めては採用、辞めては採用を繰り返した。

売り上げも利益も伸びていたものの、いや、伸びれば伸びるほど大畑の心は虚しさに覆われていった。従業員の尻をたたきながら、ただ毎日が過ぎていく。経営理念のようなものは一切ない。何を目的に会社を経営しているのか、自分でもよく分からなかったから理念の作りようがなかった。ただ、「このままでいいのだろうか」という漠然とした不安。

著名経営者の講演会や経営コンサルタントが開く勉強会に、片っ端から顔を出してみた。事業戦略や組織管理の方法など参考になる話は聞けたが、求めているものとはどうも違う。そんなとき、知人が1本の講演テープを貸してくれた。勉強会通いにもそろそろ嫌気が差していた時期だったので、受け取ったものの、テープは車内に置きっぱなしにした。

それから数カ月。ふとテープの存在を思い出した大畑は、知人に借りた手前、「一応は聞いておくか」と気乗りしないままデッキに差し込んだ。

「経営者は、従業員の物心両面の幸福を追求するのです——」

思わず車を道路脇に止めて、テープから聞こえてくる声に耳を澄ませた。声の主は稲盛和夫。稲盛が大畑1人のために語りかけているのではないかと思うくらい、心の奥深くにすとーんと一つひとつの言葉が落ちていった。

稲盛の教えは、他の経営者やコンサルタントと何が違ったのか。大畑は盛和塾に入ってから間もない頃に遭遇した、こんなエピソードを教えてくれた。

塾長例会の後半には、「経営問答」の時間が設けられている。稲盛を中心に塾生が車座になって座り、早い者勝ちで稲盛に質問していく。ある塾生が稲盛にこう質問した。

「昨今のマクロ経済の動きを見ると、どうも動きが鈍い。翻って、うちの業界も市場がこう変化しています。塾長はどうお考えになるでしょうか」

その塾生は経済情勢に詳しいのか、ＧＤＰ（国内総生産）などの数字を細かく出しながら話している。マクロ経済のことなど、ちんぷんかんぷんだった大畑には、ショックだった。さすが盛和塾だ。こんな高度な質問ができないと駄目なのか。自分はみんなのレベルについていけるだろうか、と。稲盛の横顔をうかがうと、質問の間、じっと目をつぶっている。これはきっとすごい答えが出るぞ。大畑は身を乗り出した。

ところが、質問が終わった、そのとき——。

両目をカッと見開いた稲盛は、すぐ右後ろに座っていたその塾生のほうを振り向きざま、おでこを平手ではたいた。

「おまえはバカか！」

稲盛は怒声を上げた。

「マクロもミクロも関係あるかい！　そんなくだらん質問をするな。おまえの本当の悩みは、そんなことじゃないだろ！」

その塾生は座り直し、顔を紅潮させながら質問を再開した。

「申し訳ありません。私の本当の悩み……それは、社員が自分についてきてくれないことです。必死に頑張っているのに……」

稲盛は静かに語り出した。

「おまえさんに社員がついてこんのは、社員をほれさせていないからや。この社長についていこうと思わせなあかん。ええか、ほれられる人間になるためにはな……」

稲盛は経営ノウハウでなく、経営者の心を説く。「これが、他の経営者やコンサルタントと決定的に異なる点だ」と大畑は説明する。この塾長例会での一件をきっかけに、大畑はさらに稲盛に心酔し、「追っかけ」として活動していく。稲盛に引っぱたかれた塾生はその後ぐっと会社を成長させ、数年後に株式上場を果たした。


稲盛が勧めることは何でも実行に移した。

「手形をやめなさい」と言われれば、会社に戻るやいなや、総務部長に「おい、もう手形切るな」と指示する。大畑自身、なぜ手形を切らないほうがいいのか、そのときはよく分かっていなかった。「はあ? 資金繰りに困りますやん」とけげんな顔をされても、「ええって。そう言われたんや、塾長に」と押し切る。

すべては「稲盛塾長がこう言っていた」。塾長例会から帰ると決まって「今日、盛和塾ですごい話を聞いてきたぞ。まあ聞けや」と従業員をつかまえた。「社長はいつも、塾長の受け売りじゃないですか」と食ってかかる従業員もいたが、「受け売りの何が悪い。一緒に勉強しようや」と開き直り、稲盛の講演ビデオをみんなで見た。

従業員を育てるため「コンパ」も始めた。経営者が従業員と酒を飲みながら、働き方や生き方について腹を割って話すことを、盛和塾ではコンパと呼ぶ。稲盛は京セラでもKDDIでも、そしてJALでも、このコンパで従業員の心を1つにまとめてきた。京都の京セラ本社の12階には、今でもコンパ専用の大きな畳部屋がある。

実はそれまでの大畑も、よく従業員を飲みに誘ったり自宅に招いたりしていた。盛和塾に入る前、ある経営コンサルタントにそのことを話すと「社長と従業員の距離が近すぎてはいけない」と注意されたという。でも、稲盛は逆のことを言った。

「従業員とめしを食うのを、家族と食うより優先せんか」

稲盛は、自社の従業員のことを「中に住む従業員が……」と話すのが口癖だ。会社は家であり、従業員は家族という意識を持っているのだ。

大畑は稲盛のお墨付きをもらったことがうれしく、毎日のように従業員とコンパを重ねた。県外に店を出してからは車のトランクに炊飯器と鍋、米を常時積み込み、作業場の土間に段ボールを敷けば、すぐにコンパができるようにした。

コンパといってもバカ騒ぎはしない。毎回、必ずテーマを設ける。「成果を出す店長と出せない店長の差は何か」など仕事の話をテーマに立てるときもあれば、「利他の心はどうしたら養えるか」といった心の問題を取り扱うこともある。そうしたさまざまなテーマについて、酒を飲みながら大真面目に話すのが、稲盛流コンパだ。

酒に酔えば本音が出やすい。時には相手の人間的な部分にまで踏み込んでしまう。激しく言い合いになることもあるが、本音でぶつかれば信頼関係は深まる。「こいつ、そんなことを考えていたのか」と相手の知らない一面も発見できる。コンパで家族について話している途中、1人の従業員が急に涙を流したこともあった。親に対する感謝の気持ちが欠けていたことに気づき、思わず感情が高ぶったのだという。

コンパを続けるうち、目の色が変わってくる従業員と、雰囲気になじめない従業員、2つのグループに分かれてきた。コンパの最中に「何がフィロソフィだ。あほらしくてやってられるか！」と暴言を吐いて辞めていった従業員もいたが、残った従業員はみるみる成長した。特に大畑がうれしかったのは、かつて札付きの不良だった従業員がこう口にしたときだった。「昔の仲間と酒を飲むと、パチンコで勝ったとか、どこの飲み屋にかわいい女性がいたとか、そんな話題ばかりで嫌になる」。

大畑はうれしそうに笑う。「それを聞いて、ゾクゾクしました。誰でも心の底では真面目に仕事をして人の役に立ちたい、一生懸命に生きたいと考えているもの。その部分に刺激を与えたのが、うちの場合はコンパだったんです」。

大畑に「経営者とは何か」と尋ねると、即座にこう返ってきた。

「経営者は親ですよ。私は従業員に対し、親子の絆を超えるくらいの接し方をしてきたつもりです。私は従業員を子供だと思っているし、従業員も私のことを父親のように思ってくれている。雇用する側と、雇用される側。そんな単純な関係では経営できない。『大家族主義で経営しなさい』と塾長も言っています。大家族主義で経営していると、経営者が燃えれば従業員もちゃんとついてきてくれる。自分を犠牲にして、従業員のために尽くせるかどうか。普通の親だったら、子供のことを何よりも先に考えますよね。それと同じです」

「従業員とそこまで深い関係をつくらなくてもいいのでは」といぶかる向きもあるかもしれない。だが、この浪花節経営で稲盛は京セラを1兆円企業に押し上げ、この大畑もまた会社を伸ばしてきたのは事実である。

かつて大畑が面接に来た若者に、必ず示していた図がある。

①　○→○
②　○→×
③　×→○
④　×→×

矢印の前がこれまでの人生で、矢印の後がこれからの人生。「申し訳ないが、これまでのおまえの人生は×だよ。勉強もろくにしていないし、能力もないからね。さて、これからはどうなりたい？　×か、それとも○か」。そう聞くと、ほとんどの若者が「○」と答えた。「もっといい人生を送りたいか。その気持ちさえあれば十分だ。おれと一緒に頑張ろう」。

大畑の愛情をたっぷりため込んだ従業員は150人まで増えた。2011年にはその中の1人に社長を譲り、自身は近々、グループ会社を束ねる持ち株会社の社長に就く。

大畑には果たしたい夢がある。

「従業員が10人なら、その10人に本当の生き方や考え方、格好よく言えば哲学を教えたい。そして従業員が『そうか、こういう考え方があるのか』と気づき、その後の人生を正直な心で生きることができたら、経営者冥利に尽きます。従業員を幸せにできるのは、経営者しかいません。だから、経営者になり得る人材をたくさん育て、どんどん子会社を任せていきたい。私のような者でも売上高10億円のダックスをつくれたのですから、頑張って100億の会社をつくる従業員が出てくるかもしれない。経営者として、多くの経営者を創り、幸せの連鎖を起こすことが私の使命だと思うのです」

師曰く――

「もう駄目だと思ったときが、
仕事の始まり」

「わざわざ東京から福岡まで、遠路お越しいただいたのは本当にありがたいのですが、私たち兄弟、大した話は何もできやしませんよ。1929年創業と歴史だけはそれなりにありますけど、リーマン・ショックに東日本大震災、次から次へと押し寄せる荒波に、兄弟と従業員、みんなで力を合わせ、必死になって会社を存続してきただけです。もっとも一番つらかったのは、その前に起きた日産リバイバルプランですが……。稲盛塾長には足を向けて寝られません。塾長のおかげで、あのとき私たちは助かったんですから」

西井塗料産業社長の西井一史《かずふみ》は遠慮がちにそう言って、隣に座る専務の博文を見た。

270人の従業員を抱える西井塗料産業は、九州最大の塗料専門商社だ。一史の祖父が九州初の塗料販売店を創業し、以来、建築用や工業用などさまざまな市場で顧客を開拓してきた。福岡空港にほど近い本社の玄関を入ると、色とりどりの塗料サンプルが並んだ「ペインティングギャラリー」が広がり、社内は活気に満ちている。営業所は九州全域に広がり、東京や愛知、大阪にも常駐の従業員がいる。

博文は、一史の3歳下の弟で営業面を統括している。腹蔵なく何でも話し合える兄弟であり、二人三脚で難局を乗り切ってきた同志でもある。かつて立ち上がれないほどの経営危機に直面した西井塗料産業。そのとき2人は何を考え、どのように行動したのか。西井兄弟の経験から、「経営者とは何か」を導き出したい。

事の始まりは99年10月18日だった。

一斉にすべての生産ラインがストップし、静まり返った日産自動車九州工場(現日産自動車九州)に日産リバイバルプランを読み上げる日産のトップ、カルロス・ゴーンの声が響き渡った。工場の一角で、一言も聞き漏らすまいと耳をそばだてていた博文は、部品を納入するサプライヤー数を今後3年間で半減するという発表に凍りついた。

西井塗料産業は日産が九州に生産拠点を設けた75年からのつき合い。リバイバルプラン発表時は、売上高の2割を占める年間50億円の取引があった。それまで塗装ラインは車体の下塗り、中塗り、上塗りをそれぞれ数社のサプライヤーで分け合っていたが、各工程1社に絞られることになった。どこまで納入価格を引き下げられるか。サプライヤーからの提示を受け、4カ月後に日産が選定するという。

塗料メーカーはコスト削減の余地が比較的大きいが、西井塗料はメーカーと組んで、塗料を納める販売店に過ぎない。自力で削減できるコストはしょせん知れていた。コスト勝負になれば、日産から真っ先に切られてもおかしくない。そして日産から切られれば他業界の取引先にも影響し、「塗料商社はもはや時代遅れだ」と取引を見直す動きが出てくるかもしれない。一史にはそんな最悪の展開も頭をよぎった。

自社の存在意義は何か。生き残るために何をアピールできるのか。闘いはそれを見つけることから始まった。

まず日産を担当する苅田《かんだ》営業所（福岡県苅田町）の従業員15人が、自分たちの仕事の中身を1日、1週間、1カ月、1年の単位で書き出した。すると「見えなかった仕事」が見えてきた。塗装ラインのトラブルが起きたら解決に出向くなど、いろいろな要望にその場ですぐに応えている。塗装しない部分をガードするマスキング材などの副資材も、要望を受けて納めている。「こんなものがないか」「あんなことができないか」という声を受け、従業員たちが一生懸命に走り回っていたのだ。一史は反省した。

「それまで営業成績という表面的な数字しか見てこなかったが、日々の従業員の働きが積み重なって数字を作っていたことに、恥ずかしながらそのとき初めて気づきました。他地域では塗料メーカーがそうしたサービスをするが、九州ではメーカーの手が届きにくいため、販売店のうちがその役割を担っていた。それが独自の強みだったのです」

営業担当の博文は日産幹部に直接訴えようと、自社の強みをまとめた資料を手渡すことにした。当時、日産の幹部も多忙を極めて簡単には会えないため、幹部の自宅を訪ねて手土産と一緒に資料を渡したり、宿泊先のホテルを調べてフロントに預けたり、あるいは日産九州工場の車寄せで幹部が来るのを待ち、手渡したりもした。中には快く思わない人がいたかもしれないが、博文にはそんな方法しか思いつかなかった。

サプライヤーの決定日が近づくにつれて、苅田営業所の従業員たちは不安を隠し切れなくなった。

「私たちに勝ち目はあるのでしょうか」

たまりかねた従業員が、経営陣に面と向かってそう聞いてくることもあった。そんなとき博文は自分自身を鼓舞するように声を荒げた。

「ばか野郎！　負けるかもしれないと弱気になったら、勝てるはずがないだろ！　コスト削減策でも品質向上策でも、思いついたアイデアはすべて、すぐに実行するんだ。しかし正々堂々、決して卑怯な方法は使うな。そうすれば日産の担当者は必ず見てくれる」

そうして作り上げた、渾身の提案書。西井塗料産業の苅田営業所で、日産の購買担当者に手渡すことになった。4カ月間でやれることはすべてやり尽くしたという自信。この資料の結果次第で営業所が、もしかしたら会社そのものがなくなるかもしれないという恐怖。

異様な空気に包まれた応接室で、博文と日産の担当者が対峙した。お茶を出しに来た女性従業員は極度の緊張から手ががたがたと震え、博文の助けを借りなければテーブルに湯のみを置くことができなかった。

２０００年2月10日。発表の日。日産から「中塗りと上塗りは取引継続せず」と知らせが届いた。下塗りについては理由は不明だが、結論が3年後まで持ち越しになった。ただ、この瞬間に中塗りと上塗りなど計24億円の仕事が消失。外資系塗料メーカーの提示価格が予想以上に安かったことが、後に判明した。

西井兄弟と従業員たちは奈落の底に突き落とされた。

博文はこんなことを考えていたという。

「やれることが残っていたならまだしも、自分たちではこれ以上ないというほどやり尽くしたのに結果が伴わなかった。体から力が抜け、もう駄目だ、と正直思いました。今回は下塗りが残ったものの、3年後はきっと選ばれない。そしてこのまま商売が細り、戦前から続いてきた会社もたたむことになるかもしれない、と」

そんな暗たんたる気持ちになったときだった。盛和塾で、稲盛がよく口にしていた1つの言葉がぱっと、博文の頭に浮かんだ。

「もう駄目だと思ったときが、仕事の始まり――」

博文はその瞬間の気持ちをありありと記憶している。

「もう駄目だというのは、まさにあのときの私の心境でした。でも塾長はそれが終わりではなく、始まりだという。そこから本当の勝負は始まるのだ、と。塾長もとんでもないことを言うなあ。そんなことを考えていると、少し気持ちが楽になってきたんです」

下塗りの選定まで時間はある。博文は翌朝、営業所の従業員を集めた。

「結果は大変残念だったが、みんなよく頑張ってくれた。素晴らしい闘いだったよ。私はみんなを誇りに思います」

博文がそう切り出すと、数人がすすり泣きを始めた。それを見た他の従業員もこらえ切れなくなり、全員が嗚咽した。その中で博文は毅然と言った。

「これで終わりじゃない。ここから3年後に向けた本当の闘いが始まるんだよ。生き延びるんだ。このメンバーなら必ずできる。私は君たちを守るから、信じてついてきてほしい。みんなの力で必ず復活を果たそう」

博文は「本当に従業員を守れるのかどうかは、正直分からなかった」と明かす。ただ、絶望を希望に変えるには、強く念じるしかなかった。

1人の従業員が「やりましょう！」と声を上げた。すると1人また1人、「やりましょう！」と続いた。この光景は博文の脳裏に焼きついている。

「塾長は『人の心ほど頼りないものはないが、ひとたび1つになると、これほど強いものはない』と教えてくれていましたが、その通りでした。何かが変わり始めたのです」

従業員が1つになっていく様を目の当たりにしながら、一史はふと盛和塾に入塾した頃を思い出していた。まだ父が社長を務め、自身は総務・経理担当の取締役だったとき、地元福岡で開かれた例会で稲盛に質問したことがある。

「うちの会社は九州を中心に、東京から鹿児島まで25の営業所があります。塾長に学んだ哲学を従業員と共有したいと思っても、物理的、時間的に難しくて悩んでいます。人心をまとめる要諦を教えていただけませんでしょうか」

しかし稲盛は眉をひそめ、「人心掌握に要諦などない」と一史を一喝した。

「営業所が多くて大変かもしれないが、あなたが足を運び、現場の人たちとコミュニケートするしか人心掌握の方法はありません。時間がないというのは、単なる言い訳です。あなたの熱意を持って、地べたを這ってでも営業所を回って歩くしか方法はないのです。熱意があればお父様を説得できるはずです。『会社をさらに素晴らしいものにするために、月のうち3日でもいいから日常の業務を外してください。その間、4カ所でも5カ所でも営業所を回りたいのです』と。それくらい言わんでどうするんだ」

一史は穴に逃げ込みたいほど恥ずかしかった。人心を掌握するとはどういうことなのか。当時の一史には全くつかめていなかった。

なぜ、稲盛は大勢の従業員の気持ちをつかめるのだろう。以来、一史が盛和塾で稲盛の挙措に目を凝らすと「これか」とひざを打つことが何度もあった。

例えば、ある例会で発表した塾生を、稲盛がこてんぱんに叱りつけた。司会者が「休憩時間に入ります」と案内し、会場の塾生たちが席を立ったまさにその瞬間。稲盛がさっと壇上から降り、真正面のテーブルに座っていた発表者の妻の元に駆け寄った。

「旦那さんに、ちょっときついこと言ってしまったわ。ごめんなさいね。奥さん、旦那さんのこと気にかけてあげてくれるかな。よろしく頼むで」

間近で見ていた一史は体に電気が走った。他の塾生にはあまり見られないように、絶妙のタイミングで、塾生とその妻にさっと気遣いをする。相手を思いやる心がなければ、到底できることではないと思った。

一史は、稲盛に学び続けた。「雇用する側」と「雇用される側」という割り切った関係ではなく、もっと人間的なウエットな間柄を従業員と築きたい。稲盛が唱える「大家族主義」を一史は目指し、試行錯誤してきた。大口取引の消失という危機下でも従業員がばらばらにならず、むしろ団結していけたのは、こうした下地があったからだ。一史はその手応えを感じられたことが、少しうれしかった。

実際、上塗りと中塗りの仕事がなくなってからというもの、西井塗料産業の従業員は火の玉となって働き出した。

他の営業所のメンバーの顔つきも変わった。苅田営業所のメンバーが、生き残るためにどれほど血のにじむような努力をしてきたのかを聞いて、「稼ぎ頭だった苅田営業所の存続のためにも、自分たちが頑張ります」と言ってくれた。赤字続きだった営業所が黒字に転換するなど、従業員の奮闘ぶりは西井兄弟を驚かせた。

闘いには負けたが、自分たちの強みがサービス面にあると分かったのも大きな収穫だった。塗装不良の対策提案や取引先への塗装技術研修など、顧客ニーズを先取りした営業活動で必死に新規客を獲得した。そうして新たなノウハウと実績を蓄積した上で、日産に対してさまざまな改善提案を続けていった。

「塗料販売店がグローバル展開することは考えにくい。九州ローカル企業としてできることを徹底するしかない。その決意で3年間頑張った」と一史は振り返る。

そうして迎えた03年の下塗り工程の決定日。この仕事を失えばいよいよ息の根を止められるかもしれない。そんなことを考えながら、博文は取引先と道を歩いていた。

会社から携帯電話が鳴った。

「決定です！」

博文はその瞬間、人目もはばからずぼろぼろ泣いた。一緒にいた取引先は何事かとびっくりし、心配そうに博文に声をかけてきた。同じ頃、業界の懇親会に出席していた一史もまた、電話口で顔をくしゃくしゃにしながら涙を流していた。

後日分かったのは、コスト的に決して優位に立っていたわけではなく、現場を知り尽くした的確な提案、そして熱意が実を結んだということだった。真偽のほどは定かでないが、こんな話も伝え聞いた。ある日産の幹部が、「あいつら（西井塗料産業）だけは、何とか助けてやれんか」と社内で言ってくれていたのだという。その人は、前回の上塗り、中塗りの闘いから始まり、博文が資料を何度も何度も手渡していた人だった。

リバイバルプラン前に250億円近くあった売り上げは、その後200億円程度で推移している。利益率が低い仕事を切るなど高収益戦略に徐々にシフトしたためで、利益額は以前よりむしろ増えている。もちろん、リバイバルプランを通じて、組織が一丸となれたことも収益向上に結びついている。

西井兄弟には、忘れられない思い出が1つある。

リバイバルプランをどう乗り越えるか、まさにその会議をしていた頃、ある営業所の所長が変な咳を繰り返していた。「おまえ大丈夫か。一度病院に行ってこいよ」と一史が促すと、数週間後、肺がんと診断されたと連絡が入った。

その所長は入院中も会社や仲間のことを気にかけていた。「こんな取り組みをしたらどうでしょうか」と一史や博文、部下たちに、病床からアイデアを出し続けた。

がんは、すでに進行していた。有給休暇を消化した後も、一史の配慮でしばらく収入や健康保険が途絶えないようにしていたが、それも難しくなった。

「収入がないと入院費に困ることは、従業員たちもよく知っていた。『社長、何とかしてあげられませんか』と心配してくるので、その所長の奥さんをパートに雇おうかと考えた。もちろん形だけ雇うことになるから、実際には戦力にならない。『その人件費分をおまえたちがカバーしなくちゃいけないんだぞ』と言うと、『僕たち頑張りますので、ぜひそうしてください』と。奥さんは丁重に遠慮されましたが、仲間思いのやつらばかりでね」

その所長は余命宣告を大幅に超え、4年間生き続けた。上塗りと中塗りの工程では敗れたものの、下塗りの仕事を死守する仲間の勇姿を見届けることができた。

通夜の日。一史は大勢の従業員と共に、最後の別れに出向いた。

仏様を拝もうと棺をのぞいた瞬間、思わず息をのんだ。亡くなった所長は会社の制服姿で棺の中に横たわっていた。長年愛用した紺色のブレザーを着て、ネクタイまで締めていた。本人が強く希望していたのだという。一史と従業員たちはしばらくの間、声を上げて泣いた。

従業員が亡くなった後、その妻は「年末の忘年会で使ってください」と、一史に酒を毎年贈ってくるようになった。そして10年目の年、こんな手紙が添えてあった。

「主人が亡くなって随分たちます。とうの昔に会社に籍がなくなった者の家族が、こういうことをずるずると続けるのはいかがなものかと常々反省しております。ただ申し訳ありませんが、来年まで続けさせてください。主人が生きていたら来年で定年を迎えます。主人に西井塗料産業の従業員として、定年を迎えさせてやりたいのです」

一史は感慨深そうに、こう話す。

「西井塗料産業に対して、こんなにも温かい愛情を寄せてくれる従業員や、その家族がいる。それが本当にうれしい。会社で働く仲間は、もともと赤の他人ですよ。それなのに同じ目標に向かって、『これじゃ駄目だろ』と叱ったり、『おまえ、よくやったな』と褒めたりする。会社というのは血が通った人間関係が生まれる場所であり、経営者はそれを育まなくてはいけない。塾長にはたくさんのことを教えてもらいましたが、私の一番の心棒になっているのはこのことです。まだ道半ばですが、どうにかそっちの方向に進んでいるんじゃないかと、がんで亡くなった従業員と、その奥様に教えてもらいました。制服姿で旅立った彼も、私たちと心でつながっていたから、孤独ではなかったはずです。こうした家族的な会社を一生懸命につくることが、経営者とは何かという問いへの、私の答えです」

師曰く――

「おまえの一生懸命さは認める。
けれど、志が低い」

京葉工業地域で物流の要を担ってきた、千葉県内房の木更津港。その目と鼻の先の造成地に、トレードマークの青い巨大看板が目印のヒラノ商事の本社が建つ。主力事業は、自動販売機のオペレーター業。自販機を設置し、定期的に缶飲料などの商品補充や料金回収をする仕事だ。従業員は75人。千葉を中心に東京、神奈川でも事業を展開している。

社長の平野義和は若い頃、キックボクシングの数々の大会で活躍したというだけあって、見るからに筋肉質の体をしており、そして独特の押しの強さがある。

「世の中、矛盾だらけでしょ」

平野に取材の趣旨を説明すると、そう切り出した。

「私はね、非常に貧乏をしてきました。長屋暮らしの貧乏人の小せがれだということで、小さい頃から差別も受けた。どんなに野球がうまくても、貧乏人はユニホームを買うお金もないから、選手にはなれない。私より野球が下手でも、PTA会長のおぼっちゃんはユニホームを着ちゃうんですよね。またそういう金持ちの子供たちを、学校の先生もこれでもかというくらいにチヤホヤするわけですよ。運悪く、たまたまそういう先生に当たっちゃったのかもしれませんけどね。学校の先生が差別しちゃいかんです」

平野が小学4年のとき、父親が外に女をつくり、そして家を出た。これだけでも平野の苦痛は察するに余りあるが、母から、父のところに生活費をもらいに行く役目を託された。平野はそれが嫌で嫌で仕方なかった。そして母と子を捨てた父が許せなかった。いつしか平野の中で「絶対にお金持ちになって、父を見返してやる。そして母を楽にしてあげたい」という気持ちが強くなり、事業家の道へ進ませた。

平野は、高校を卒業すると当時給料が一番良かった新日本製鐵に入社。２００万円を貯めて24歳のとき、独立する。茶葉や化粧品の行商など、儲かりそうな仕事は何でもしたが、素人がすぐに成功できるほど商売は甘くはない。２００万円はあっという間になくなった。途方に暮れていたとき知人が紹介してれたのが、自動販売機の仕事だ。

「外から見ていると分かりませんが、自販機設置場所の獲得営業はすさまじい。露骨には言えませんけど、奪い合いじゃなく、潰し合いです。とんでもない条件を出して、今置いてある自販機を自社の扱い品にひっくり返す。ここまでやっちゃいかんだろうというところまでやるのが、この業界でね。やっぱり、どこの世界でも矛盾だらけ。悔しい思いの連続でした」

稲盛の講演を聞いたのは、そんなときだった。

「正しいことをすれば、正しい結果が出る。悪いことをすれば、悪い結果が出る」

自身が創業した京セラやKDDIの例を出しながら、稲盛は懇々と説いた。正しいことをしても報われないのは、努力が足りないだけ。世の中に嫌気が差していた平野は自分の甘さを教えられた。1995年、平野は盛和塾の門をたたいた。

ただ、平野は塾長例会に足繁く通ったが、あわただしい現実の中で、稲盛の教えをどこからどう実践すればいいのかが分からず、それから7年もの間、稲盛の話を聞くだけで満足するという時期が続いた。そんな平野の目をついに覚ます出来事が起きる。

2002年6月19日。地元の木更津市で塾長例会が開かれた折、平野は自分の半生を30分以上にわたって語る「経営体験発表」をすることになった。

稲盛と大勢の塾生を前に、包み隠さず話した。家庭環境が事業欲につながったこと。見よう見まねで経営し、何とか自販機事業で波に乗れたこと。売り上げは15億円まで増えたが他社との競合が激しく、経営が不安定なこと。このままでは将来従業員の生活を守りきれないと、レストラン事業に乗り出し、次は通信事業の仕事も始めようと計画中であること。そうして自分が頑張るほど、なぜか従業員が辞めていくこと……。

平野は一生懸命に経営をしてきたつもりだった。何もないところから曲がりなりにも

15億円の会社になったことを、少し誇らしく思っていた。

しかし稲盛は、そんな平野の自信をこてんぱんに打ち砕く。

「1つの事業もきちんとできていないのに、見切り発車でいくつも事業をスタートするなんて、あんたは何を考えてるんや。あんたのやっているのはシッチャカメッチャカ経営だ。いいですか皆さん、このようなやり方を絶対まねしてはいけません。普通なら間違いなく倒産していますよ。潰れなかったのは、神様があなたを守ったということです。経営者の使命は、従業員とその家族を幸せにすることです。自動販売機の事業を通じてそれをどのように実現していくのか。しっかり考えて、本気で経営に打ち込みなさい」

意気揚々と壇上で発表したのに、「こいつのまねをするな」と言われた平野のショックは想像に難くない。そんな平野の心情を、稲盛も案じたのだろう。翌朝、平野は稲盛をはじめ関係者たちと、会場のホテルで朝食を取っていた。7時頃から小一時間、世間話をしながら食べ、それぞれが各部屋に戻ろうとしたとき、稲盛がこう呼び止めた。

「平野、ちょっとここに残れ」

平野が稲盛の前に座ると、静かな声でこう話し始めた。

「昨日の発表、大変だったな。でもな、まだ言っていないことがあるんや。平野、おまえはな、志が低い。この木更津に山はあるか……ん、太田山？ 標高はいくらや。50メートル？ あほか、それは山とは言わん、丘や。まあええ、おまえはその太田山や。サンダルで登れるような低い太田山しか、おまえは見上げていない。おれは京セラを始めたときに、まず中京区一、次は京都一、関西一、そして日本一、世界一の山を目指してきた。高い山に登ろうと思えば、そのための訓練をしなきゃいかん。計画を立て、体を鍛え、一緒に登る人にも登り方を教えなあかん。限りなく目標が高いと、やるべきことが違ってくるんや。この山を登りきったら安心、というのは、経営者には一生あり得ない。だから経営者は苦労し続ける。それは誰のためか。従業員とその家族のために苦労していくんじゃないか。そういう使命をおれたちは持ったんだよ。おまえの一生懸命さは認める。けれど、志が低い。もっと高い山を目指せ。売り上げ15億円であれもこれもやろうとするな。1つのことに徹すれば、必ず立派な経営者になれる。ええな」

噛んで含めるように言い聞かせてくれた、稲盛の一言一言を平野は鮮明に記憶している。

「この会社はおれの会社だ、おれが金持ちになるんだ、おれが幸せになるんだ——。それまでの私は、つまるところ自分のために生きていたのです。そんな会社では、従業員は働く意義を感じられず、ただ社長の欲望の犠牲になっていくだけ。私がいくら正義感を持ち出したところで、いくら努力したところで、自分のことしか考えていない私のような経営者に、従業員が誰もついてきてくれないのは当然です。盛和塾に入って7年間、塾長の話を何度も聞いてきたはずなのに、何にも分かっていなかった。あの日以来、塾長の教えがようやく私の体の中で熱を持ち始めたのです」

後日、発表の様子を録画したビデオが送られてきた。壇上で自分を叱りつける稲盛の姿を見るうち、翌朝に2人きりでしてくれた話も重なって、平野は涙が止まらなくなった。こんな中小企業のバカ社長のために、塾長は全身全霊で「経営者とは何か」を教えてくれた。平野はビデオを何度も何度も巻き戻し、社長室で何時間も泣き続けた。

自分の幸せではなく、従業員の幸せを第一に考える。そう誓った平野はまず、無計画な経営を改めようと、稲盛が勧めるアメーバ経営を始めた。

アメーバ経営は各部門の数字を日々正しく積み上げることから始まる。平野の会社はそれまで社内管理がずさんで、改めて社内伝票を洗いざらいチェックしたところ1800万円もの未収金が見つかった。飲料メーカーから受け取れるはずのリベートの請求書を3年分、経理担当者が出し忘れていたのだ。また、デリバリー担当の従業員は各現場でハンディターミナルに打ち込んだ売り上げデータと、営業所に持ち帰った商品在庫を毎日照合する。従来はケース単位で確認していたこの照合作業を、1本ごとに改めた。

ただ、従業員のためにと良かれと思ってしたことも、たびたび現場の混乱を招いた。在庫照合を1本ごとに切り替えれば、その分残業が増える。これに反発した従業員が大量に退職し、他の営業所から人をやり繰りして急場をしのいだ。

平野は反省する。「後になって考えれば、なぜ作業のやり方を変えるのか、アメーバ経営でどんな会社にしたいのかという私のメッセージが浸透していなかった。営業所長には伝えていたが、情けないことに現場への説明は営業所長に任せきりにしていた。従業員のことを第一に考えて経営しているつもりでも、万事がこんな調子。あっちにぶつかり、こっちにぶつかりしながら学んでいったのです」。

稲盛の教えを取り入れた会社が、一朝一夕に変わるわけではない。ただ時間はかかっても、多くの組織が確実に変化を遂げていく。平野の場合も、コンパなどで従業員と話す機会を増やしてから、ようやく社内のベクトルがそろってきたという。

デリバリー担当の従業員の意識改革にも成功した。デリバリー部門は、営業部門のように自力で売り上げを増やすことが難しい。モチベーションをどう高めればいいのか、平野はずっと悩んでいた。それが各営業所をそれぞれ独立したアメーバ（採算単位）にして収益向上を競わせたことで、自主的に商品の組み合わせを提案したり、走行ルートを見直して燃料費を抑えたりするようになった。創意工夫した結果が数字に表れるため、従業員は積極的に仕事に取り組み始めたという。

こうして各部門でアメーバ経営が定着すると、利益率がぐんぐん向上し、会社は赤字から脱却できた。稲盛の忠告を受けていったん縮小したレストラン事業にも、再び注力。「ラスペランザ」という店名で展開するイタリア料理店が当たり、今では開店前からウエイティングができるほどの店になった。

経営が安定したことをきっかけに、平野は福利厚生の充実も図った。退職金制度を改善し、また、在職中に死亡した従業員の家族には2000万円の見舞金を出す制度も導入した。「一歩一歩レベルアップさせ、従業員をとことん守っていきたい」と平野は誓う。

正しいと信じる道を進む。志を高く持つ。従業員を一番に考える。平野は稲盛から多くのことを教えられた。これ以外にもう1つ、平野が稲盛から強く学んだことがある。

盛和塾は日本人企業家の多い米国やブラジルにも、早くから展開している。2005年に「盛和塾ニューヨーク」の開塾式が催されたときのことだ。ニューヨークでの式典後、ロサンゼルスで講演会が開かれ、ここで平野は経営体験発表をした。

その会が終わると、稲盛が「めし食いに行くぞ」と平野たちを誘った。「豪華なステーキでもご馳走してくれるのだろう」と期待して稲盛の後ろをついていくと、なぜかそこは安価な品物が並ぶ現地のスーパーマーケット。塾生仲間と顔を見合わせながら、「そうか。このスーパーを通り抜けた先に、きっとすごいレストランがあるんだ」と話していると、稲盛はどこからどう見てもカジュアルな和食のフードコートに入っていった。

きょとんと立ち止まっていると「平野、おまえ和食嫌いか」と稲盛が聞いてきた。「塾長、もちろん和食は私の大好物ですよ」と、ここは明るく答えるしかない。安心した稲盛は好物の牛丼と素うどんを注文し、おいしそうに食べ始めた。

ところが、平野が頼んだ料理がなかなか出てこない。それを見た稲盛は「これ、ちょっと食え」と素うどんをそっと差し出した。稲盛の食事にそのまま箸をつけるのは恐れ多いと、平野が「取り皿をもらってきます」と立ち上がると、稲盛はそれを制した。

「このまま食え。おれたちはソウルメイト（心の底から通じ合う仲間）やないか」

雲の上の存在だと思っていた稲盛から、「ソウルメイト」と言ってもらえた。平野はそのとき「完全にしびれた」と述懐する。何も稲盛のリップサービスではない。「盛和塾は、心を高め合う仲間の集まり」という意識を持つ稲盛は、塾生に対して「ソウルメイト」という表現を好んで使うことがある。

「その後もまたいいんですよ。食事が終わると『平野、合計でいくらだ』と塾長が聞くので、『45ドルです』と答えると、塾長は5ドルをぽんと出した。『10人やから、これで割り勘な』と。『誰が偉いとか、誰の会社が大きいとか、そんなの関係ない。みんな対等や』。（京セラとKDDIを合わせて）売上高数兆円の会社をつくった人がこう言うんですよ。偉そうな社長をたくさん見てきましたからね。ただただ感激しました」

またある日、稲盛から人づてにこんな依頼が来た。

「おい平野、京セラで講演してくれ」

平野は仰天した。

「何で、おれが京セラで講演？ こっちは売上高15億円の中小企業。あちら様は1兆円の巨大企業。しかも塾長は『京セラの役員幹部の研修会で、話してくれないか』と。塾長のお役に立てることでしたら何でもしますが、どうして私が……」

稲盛の真意はこんなところにあったらしい。

京セラの幹部は頑張ってはいるが、稲盛からすると情熱が不足していた。生きるか死ぬか、瀬戸際で経営している中小企業の社長の話を聞かせたい。そこで盛和塾生の中から、粗削りだが必死に走っている平野を呼ぼうということになった。

「確かに私のようなシッチャカメッチャカな経営者でも、真面目に一生懸命にやっていくと少しずつ会社は良くなった。京セラの皆さんが参考になることは何もないだろうが、これも勉強だと腹をくくった」

講演当日。ずらりと並んだ京セラ幹部を前に、平野はこう切り出した。

「皆さんは京都大学のような一流大学を出た優秀な方々だと思います。そんな皆さんの前でどうして私が話をするのかは分かりませんが、稲盛塾長が行けと言うから来ました。私のような貧乏人のせがれが何にもないところから会社をつくって、見よう見まねで経営をしてきて、それから塾長に出会っていろいろ教えてもらえて、必死に頑張ってきたら、何とか形にはなってきました。まだまだ小さな会社ですが、人口13万人の田舎町の木更津で、売上高が一番の会社をつくりたい。そして従業員の給料も一番高い会社にしたい。どこに出しても恥ずかしくない、そんな立派な会社にするのが私の目標です」

1時間、思いつくままに話した。平野が驚いたのは、つたない自分の話にもかかわらず京セラの幹部が皆、熱心にメモを取っていたことだ。それだけでは終わらない。1時間の発表の後、長々と質疑応答が続いた。何と2時間半。

「平野さん、こういう難局のときはどうやって切り抜けたらいいんでしょうか」

「部下が私の言うことを聞いてくれないのですが、どうすればいいのでしょうか」

マイクを回して役員幹部が一人ひとり、平野に質問をぶつけてきた。

「一流大学出の人から2時間半も質問されて、おまえよく答えたなあと、自分で自分を褒めてあげたい。半分は答えになっていなかったと思うが」と平野は笑う。

後日、京セラの役員たちから平野に礼状が届いた。それぞれ便箋で何枚にもわたって「先般は大変ありがとうございました」と、温かく心のこもった言葉が丁寧に綴られていた。

「手紙を読むうちに、涙が出てきましてね。自社の役員幹部に、中小企業のおやじの話を3時間半も聞かせる大企業の経営者が、『稲盛和夫』以外にいますか。経営者はどこまでいっても、『謙虚にしておごらず』であるべきだと教えられました」

そんな平野には、特に胸に刻まれている稲盛の言葉があるという。

「生まれたときの魂よりも、死ぬときの魂が『優しい心』『思いやりの心』『美しい心』になり、さらに立派な魂になっていくことが、人生の目的である――」

こうした稲盛の教えに触れていくうちに、平野は「ゆがんでいた心が次第に直ってきた」という。不思議なことに、父に対する怒りも和らいでいった。離婚というのはどちらかが一方的に悪いのではないのかもしれない。父には、父の事情があったのだ。そう思えるようになった今、亡くなった父が時折、夢枕に出てくる。

「義和、すまなかったな。頑張れよ」

そう言うと、父はいつも笑顔になる。家を出てから、平野は父の笑顔など一度も見たことがない。それは記憶のかなたにある、父と楽しく遊んでいた幼い頃の笑顔である。

師曰く――

「魂を入れなければ、経営ではない」

横浜市の港北インター出口は、休日ともなると「ＩＫＥＡ」目当ての車で大渋滞が起きる。北欧のモダンな家具を求め、遠方から若いファミリー層がこれでもかと押し寄せる。その喧騒に背を向け、「ＩＫＥＡ」とは逆方向にハンドルを切ると、古くからの工場団地が見えてくる。その一角にあるのが、盛和工業だ。

パートを含めて従業員37人の小さな町工場だが、産業用の油圧制御装置では高いシェアを持つ。製鉄・製紙工場をはじめ、国内の名だたる大企業を得意先に抱える。

社名の盛和工業は、盛和塾にあやかったものではない。創業者の現会長、栗屋野《くりやの》香は稲盛と同じ鹿児島の出身。郷土の英雄、西郷隆盛から「盛」をもらい、それに平和、和合の「和」を合わせ、盛和工業とつけた。現在は香の長男、栗屋野盛一郎が社長を務める。

盛一郎の入塾は30歳のとき。１９９３年、盛和塾横浜の開設を手伝った父と共に、入塾した。稲盛の名前はともかく、その経営哲学まではよく知らなかった。初めて稲盛の講話を聞いたとき、多くの塾生がそうであるように栗屋野もまた、僧侶が話しているのかと耳を疑ったという。静かに心のありようを説く姿はとても経営者に見えなかった。ただ、稲盛の言葉は、当時経営者として栗屋野が抱えていたある悩みを晴らしてくれた。

「マスコミの人を前にして言うのも何ですが、我々のような町工場は３Ｋ（危険、汚い、きつい）だと散々たたかれたでしょ。日本の産業を底辺で支える中小企業の技術が、3Kという一言で片づけられたわけです。それで一気に人離れ。就職希望者が激減しました。濡れ手に粟でお金を稼ぐほうが格好いい。そんな価値観が広まり、技術者ですら現場を軽視し、こぞって米国のビジネススクールでMBA（経営学修士）を取り出した。町工場の仕事に誇りがあるのに、世間はそう見てくれない。そこに大きなギャップを感じるようになりましてね。どのような『考え方』で経営すればいいのか、分からなくなっていたのです」

盛和塾には、町工場の経営者が大勢在籍している。また、小さな運送会社の社長もいれば、左官の仕事をしている社長もいる。パチンコホール会社や葬儀会社のように、偏見を持って見られることの多い業界からも名を連ねている。日本の隅々で日々大粒の汗を流している、そうした志の高い中小企業経営者たちが塾長例会で熱心にメモを取り、そして時には、稲盛と何百人の塾生仲間の前で、自分の経営者人生を堂々と語るのだ。

彼らが集うのは、苦労を重ねて這い上がってきた稲盛の人生に共感するからに他ならない。そして稲盛も彼らの思いに応えて、最大限のエールを送る。

「京セラだって、高熱でドロドロになった焼き物を扱う3Kそのものの会社でした。それでもこれだけ大きな企業になれるのだから、あなたたちにできないはずがありません。まず経営の理念を明確にし、従業員に仕事の意義を説きなさい。自分たちの仕事はこんなふうに世の中の役に立っているという大義を伝え、従業員に力を出してもらうのです」

こうした稲盛の言葉に、栗屋野がどれだけ勇気づけられたことか。

「町工場の仕事にプライドを持つ一方で、どうせ下請けだから、どうせ中小企業だからと自分を卑下する気持ちも、どこかにあったんです。塾長の話を聞いて、そのことに気づいた。世間から何と言われようと、自分は自分。しっかり存在意義を自覚し、アイデンティティーを持って経営していこうと、迷いがなくなりました」

心の軸は定まった。

ただ栗屋野の場合、問題はここからだった。栗屋野の思いが、なかなか従業員に伝わらないのだ。その理由は「2代目だから」だという。

「30代の頃から経営の大部分を父から任されるようになりました。ただ、家業を継ぐのは当然という受け身から始まったので、創業者の父に比べるとどうしてもエネルギーが弱い。社長の息子ということで会社にぽっと入っても、職人技術は持っていないし、営業成績も先輩社員にかなわない。自分では一生懸命に頑張っているつもりでも、特に年上の従業員はなかなか認めてくれませんでした」

2代目のリーダーシップ。これを身につけるには、修羅場が必要だった。

ITバブル崩壊後の2001年。取引先の大手企業が設備投資を抑えたことで、盛和工業の仕事はそれまでの5分の1に激減した。年間売上高が4億～5億円ほどだった会社が突然、月商数百万円になるという目も当てられない状態になった。

工場を隅々まで掃除し、雑草も全部抜き取った。することが何もなくなり、一部従業員を自宅待機させた。その頃、新規事業として東京大学と共同で光触媒技術を使った空気清浄機の開発も進めていたが、資金と人員を十分に投じることができず商品化に手間取り、銀行からの借り入ればかりが膨らんでいった。ついに2つあった工場のうち、1つを閉鎖。生き残りをかけたカウントダウンが始まった。

社内に危機感がまん延してくると、従業員の3分の1近くが、バタバタと辞めていった。しかも、仕事のできる従業員から順番に。業務に支障が出るようになり、やむなく栗屋野が営業や工程設計を兼務した。1日の睡眠時間が3時間ほどの日々が続いた。

どうすれば、がけっぷちから脱出できるのか。栗屋野はわらをもすがる思いで、時間をやり繰りして盛和塾に通った。「まるで砂漠の中で、のどがカラカラのような心地だった」

と栗屋野はその頃の精神状態を表現する。

渇望しながら稲盛の講話を聞くと、一言一句が深く染みた。同時に栗屋野は猛烈な自己嫌悪に襲われた。入塾してから8年間、せっかくの教えをほとんど実践していない自分が、そこにいたからだ。

例えば、稲盛の教えの1つである「誰にも負けない努力」にどこまで挑戦したというのか。よくよく考えてみれば、「誰にも負けない努力」がどれほどの努力なのかすら理解していない。栗屋野は塾生仲間に頭を下げ、聞いて回った。

「誰にも負けない努力というのは、どれくらい頑張ることなのでしょうか」

「幾日も寝ずに、仕事をすることだ」「市場でトップシェアを獲得すれば、結果的に誰にも負けない努力をしたことになるはずだ」。人によって言うことはまちまちだった。

「誰にも負けないレベル」は見えないが、そこに到達するにはとにかく努力を続けるしかない。栗屋野は開き直り、「経営の原点12カ条」を徹底的に実践することにした。

「事業目的・意義を明確にする」から始まる12カ条は、稲盛が京セラ創業期にまとめた経営のエッセンスとされている（90ページ参照）。「誰にも負けない努力」も、第4条に掲げられた教えだ。栗屋野はこの12カ条の本意を体内に取り込むため、自分の言葉で条文を作り直していこうと決めた。「塾長の教えを基に、自分自身で経営方針を立てないと駄目だよ」と先輩塾生に言われていたことを思い出したからだ。

塾生の中には山ごもりというと大げさだが、経営に行き詰まったときは静かなホテルに連泊して、稲盛哲学と向き合っている人も多い。栗屋野にはホテルに泊まるような時間的、金銭的余裕もなかったので、毎週日曜に1人出社し、稲盛がまとめた「京セラフィロソフィ」や著書を読みながら、12カ条の意味を考えていった。

例えば、最後の第12条に登場する「素直な心」。

栗屋野は、ただ人の話をよく聞くことが素直だと思っていたが、稲盛はそうではないという。自分の至らなさを認めて反省し、さらに努力する。そこまでして本当の「素直」。行動を改めないのでは、ただ聞いているだけに過ぎない。稲盛はそう苦言を呈している。「私の理解が浅すぎた」と栗屋野は自戒する。勉強不足に気づいてから、他の塾生との会話にも注意するようになり、「みんな、そこまで深く考えているのか」と驚くことも増えた。

こうして12カ条の理解に努めながら、そして自分自身と向き合いながら、栗屋野は自分らしい言葉をひねり出していった。書いては消し、書いては消し。修行僧が禅問答するように、慎重に言葉を選んだ。丸1日考えても言葉が浮かばないこともあったが、会社を立て直さなければという気力が、栗屋野の背中を後押しした。こうして栗屋野は実に1年の歳月をかけて、盛和工業の経営理念を次のようにまとめた。

「全従業員の物心両面にわたる幸福を追求し社会の進歩に貢献する。お客様に喜んでいただける技術、サービス、製品を提供し、売り上げを最大に経費を最小にして公明正大に利益を追求する」

1 良い心で、素直な心で人生を送る
2 悪い心で人生を送らない
3 仕事を好きになり、仕事に打ち込み、仕事に精進し、仕事に喜び楽しみを見出す
4 自らを燃やし、願望を高め、自己の可能性を限りなく追求する
5 人生には苦楽はつきものである

不思議なことにこれらの文言を考えている途中、栗屋野は以前よりも、従業員と気持ちが通じ合えるようになった。栗屋野は、言葉の使い方が変わったからではないかと自己分析をする。例えば「もっと品質向上のために力を出してくれ」と頭ごなしに言うのではなく、

「○○さんが作るものはこんなものでいいのですか」と問いかけると、職人はプライドを刺激されるということが分かった。

「自分でも驚くほど、うまく言葉が使えるようになった。言葉の意味を深く考えていると、シンプルな言葉でも相手の心を射止められる。塾長が『ど真剣にやれ』と言うのも、『真剣にやれ』と言うより、思いが伝わるからです。言霊というのでしょうか。心の奥底から発した言霊なら、年上の人でも説得できるのだと分かりました。そういえば、稲盛塾長は初めて会った塾生の本心を瞬時に見抜いて、叱り飛ばすことがよくあるのです。それができるのも、ちょっとした言葉に人間性のすべてが表れるからだと思います」

修羅場に直面し、自分自身と格闘しながら、ようやく栗屋野はリーダーシップのヒントを少しつかんだ気がした。さて、この経営理念を従業員にどう伝えていくか。

理念のベースはあくまで稲盛哲学。そこで盛和塾が出している特製カレンダーに書かれている稲盛の言葉を、毎朝全員で唱和するようにした。従業員にその言葉の感想を述べてもらい、栗屋野がそれを補った。「仏教用語も出てくるから、従業員は最初戸惑っていました。フィロソフィというと宗教的で余計に敬遠されるかもしれないので『基本的な人間の生き方だ』と説明し、あえてフィロソフィという言葉を封印した」。

理念に記した「売り上げ最大、経費最小」を形にするため、アメーバ経営も導入。部門別に日々決算したものを毎月全員に公開し、議論した。

「それまで、うちの職人は会計の数字なんて見たことがなかった。分かるのは水道代くらいで、リース料って何ですか、というレベル。嫌がられても、丁寧に説明していった。何度もしつこく数字を読み合わせていたら、そのうち従業員のほうからいろんな質問が出てくるようになったのです。塾長は『決算書はドラマだ』と言います。アメーバ経営で算出される日次決算書を見ていると『あの部署のあいつが、こういう考え方でこれだけ電気を使ったな』と見えるのだそうです。私自身、最初は数字の羅列にしか見えなかった決算書を毎日凝視するうち、従業員の働き方が手に取るように分かってきました」

業績回復に向けて従業員のベクトルがそろうと、数字も後からついてきた。自信を深めた栗屋野が、経営者として、また人間としてさらに先に進む出来事が起きる。それは妻の病気だった。

妻は以前から従業員として会社の仕事も手伝っており、陰日向となって栗屋野を助けてきた。その妻が、前日まで普段通り元気にしていたのに、ある朝、急に立ち上がれなくなった。病院で調べてもらうと、脊髄内の静脈が膨れており、数十万人に1人の確率で起きる難病と宣告。その日から車椅子生活を余儀なくされた。妻は強い精神的ショックを受け、「死んだほうがよかったかもしれない」と何度も口にした。

一番下の娘はまだ2歳だった。栗屋野が夜明け前から上の子の弁当を作り、会社を抜け出して保育園の送り迎えをした。ほっとする間もなく、納入先から「すぐに来て」と電話が入れば駆けつける。泣く暇もなかった。「経営危機に続いて、妻の病気とは。どうして、おればかりこんな目に遭うのだ」。泣き言がのどまで出かかったが、口にした瞬間に家族も会社も崩壊に向かう。とにかく目の前のことに対処するしかなかった。

自暴自棄になりかけていた栗屋野はふと、稲盛が師事していた思想家、中村天風のことを思い出した。書店で本を購入し、病室で落ち込んでいる妻とページを開いた。

「たとえ身に病があっても、心まで病ますまい」

そんな一節を見つけ、妻と目を見合わせた。不自由があっても不幸ではない。不幸と思うから不幸になるのだ。心の持ち方で、幸せにも不幸にもなる……。

それまで妻と、人間の生について語り合ったことはなかった。大好きだった妻と結婚し、当然のように子供が生まれた。それがどれだけ恵まれていることなのか。妻の病気をきっかけに初めて2人で生と死を自覚し、この世に生かされているという感覚を持つに至った。「心まで病ますまい」。力を合わせて前に進もうと、2人は吹っ切れた。

この経験を通して、栗屋野の中で何かが変わった。

それまで栗屋野には、「会社で一番働いているのは、おれだ」という意識があった。おれが会社再建の先頭に立っている。稲盛哲学もおれがみんなに教えている。「従業員のことをいつも気にかけてはいましたが、それは経営者だから。愛情じゃなかった」。

だが、妻が病に倒れ、経営と看病と育児が栗屋野の体にのしかかった。しかも業績が上向き、仕事量が増えてきたときだったので、栗屋野は従業員に頼るしかなかった。

「そのとき私は、心の底から従業員に『ありがとう』と言えたんです。後から振り返っても、あのときの『ありがとう』と、それより前の『ありがとう』は全然違う。『おれが一番頑張っている』とおごっているときは言葉にとげがあったと思います。でも、本当に大変なときでしたから『ありがとう』が言霊になって出てきた。妻の病気を通して、生かされていることに感謝できるようになったことが大きく影響していると思います」

栗屋野の心のありようが変わると、従業員にも変化が表れたという。

「おそらく、従業員が盛和工業のことを好きになったんだと思います。経営者が心からの愛情を注いでくれれば、誰だってうれしい。そんな会社のために頑張ってみるかと、従業員が自分から進んで行動するようになった。今なら、会社が再び傾いても誰も辞めないんじゃないかな。経営者の愛情というのは、そこまで社員に変化をもたらします。これは経験した人でないと分からないかもしれません」

遮二無二《しゃにむに》働くだけでは経営はできない。深く物事を考えて実行し、深い愛情で従業員を包み込むこと。この深さが経営者には不可欠の要素だと、栗屋野は今考えている。稲盛は常々「システムで動かす欧米式の経営はマネジメントではあるが、経営とは呼べない。魂を入れなければ、経営ではない」と話している。「素直に『ありがとう』と言えるようになってから、こんな私でも魂を入れるとはどういうことなのか、少し理解できたように思います」。栗屋野はそう言って笑顔を見せる。「妻が倒れなかったら、私はまだ経営者に必要な愛情に気づいていなかったかもしれません。経営者として目覚める瞬間がどの時点で起きるのか、それは運命というしかない」

かつて倒産寸前まで追い詰められた会社は、自己資本比率が40％まで回復した。リーマン・ショック後には一時売上高が前年比で4割ダウンしたが、収益性を高めてきたことと、従業員が一丸となって経費削減に取り組んだことで、赤字転落を免れた。「4割ダウンしても黒字を確保できたことには私もびっくりした。京セラも第1次オイルショックのとき、最もひどい月の売り上げが前年の半分以下にまで落ち込んだが、その年度は赤字にならなかったそうです。やはり稲盛経営の効果です」。

東京大学との産学協同で進めていた光触媒事業も、その後空気清浄機などの製品を次々に市場投入し、会社を支える第2の柱に育った。「資金も人材も限られる中で何とか事業を立ち上げられたのは、死ぬ気で努力したからだと思います。塾長は『天をも味方に付けるくらいの努力をしなさい』と言っています。最終的に天運を得られるかどうか。これが『誰にも負けない努力』ということなのかもしれません」

師曰く――

「『足るを知る』という言葉に甘えて、
あんたは楽をしようとしているだけだ」

「盛和塾の仲間に『おまえは、へそ曲がりだ』と注意されています。『利他』や『動機善なりや、私心なかりしか』といった稲盛塾長が表現する言葉は本来、我々凡人が得意げにポンポン使うような軽々しいものではないはずだ、とよく言っていますから。でも、入塾してまだ間もない人たちが悟りきったかのように、したり顔で『誰にも負けない努力をしています』などと口にしているのを見ると、正直なところ違和感を覚えることもあります。あなたは本当にそうしているのですか、そう言い切れるのですか、と。そんなに簡単に使う言葉じゃないですよ」

扇山信二は異色の塾生だ。稲盛の熱烈な「追っかけ」でありながら、稲盛哲学をダイレクトには吸収しない。その間合いは一種独特である。

扇山は、千葉県市原市に本社を置くゼットエーの社長を務めている。創業は1987年。洋服リフォーム業からスタートし、リサイクル事業で成長のきっかけをつかんだ。中古釣具店「つり具ランド」を10店、中古ゴルフ用品店「ゴルフランド」を8店展開するほか、オリジナルTシャツの製作など、幅広い事業を手がけている。地元野球場の命名権を購入して「ゼットエーボールパーク」とつけるなど、市原市内では有名な企業だ。

扇山が、経営の勉強をしようと雑誌記事で目にした盛和塾に入ったのは96年。だが、首をひねることが多かったという。

例えば、稲盛の代表的な教えである「動機善なりや、私心なかりしか」。新しいことを始めようとする場合、稲盛は必ず、動機が私心からくるものではないかどうかを自らに問うてきた。動機が悪（利己）でなく、善（利他）であることが、成功と失敗を分かつ最大の要因だと考えているからだ。

中でも、第二電電（現KDDI）を創業したときのエピソードがよく知られている。85年に通信自由化が決まったものの、誰も参入に名乗り出ない。稲盛は「これでは日本のためにならない」と、京セラとは全く畑違いの通信会社を立ち上げる。毎晩のように、自分が儲けたいから参入するのではないことを「動機善なりや」と自問した末の決断だった。

しかし、扇山はこの「動機善なりや、私心なかりしか」という言葉を塾生たちが話しているのを聞いたとき、思わず眉をひそめた。「そんなきれいごとを言っていても、本音では金持ちになるために会社を経営しているんじゃないのか。『動機ゼニなりや、私心しかなかり』なら分かる。自分の子供に堂々と話せる恥ずかしくない事業さえしていれば、その動機がゼニで何が悪い。創業以来ずっとそう思っていましたから」。

「正義を貫きなさい」『経営者は謙虚に」など、ところどころ共鳴できる話もあったし、同じ中小企業経営者の成功話を聞くのは面白かったから、盛和塾を辞めることまでは考えなかった。「ただ、高級車を運転しながら塾長のテープを聞いて『やっぱり人間、謙虚じゃなきゃいかんなあ』って言ってる。片手でハンドルを握り、もう片方の手は窓からどかんと出しながらね。今から思えば謙虚を学ぶ気なんて、ゼロ」。扇山は笑う。

扇山は宮崎市に5人兄弟の末っ子として生まれた。家は貧しかった。土木工事に従事していた父親は作業員を数十人まとめて小さな組を作り、九州各地の現場を転々としていた。ところが扇山が5歳の頃、借金を抱えて仕事を辞めざるを得なくなる。食べるために父は廃品回収業を始め、扇山も小学校から帰ると休む暇もないほど手伝いをさせられた。

両親の愛情をたっぷり受けて育った扇山は、貧乏を苦に感じたことは一度もないという。けれど、友達が幼稚園に通っても、自分は行かせてもらえなかった。友達が何か買ってもらっても、自分は買ってもらえなかった。この世の中には、お金がないとできないことがある。子供心にそう刻み込まれた。

だから「動機ゼニなりや」。金銭欲は「高級な車に乗りたい」「いい腕時計をはめたい」「大きな家に住みたい」と物欲につながりやすい。扇山もそうで、会社が軌道に乗って小金が貯まると、次々に物を買いあさった。車は高級輸入車、それも前後に長いロングの外車ばかり。それを短期間で買い替えていく。買うことが目的化し、買った途端に魅力が薄れるからだ。腕時計もこのブランドを買ったら次はこっちを買おうかと、きりがなかった。

「木造2階建ての最初の社屋を建てたときは本当にうれしくてね。最初に何を買ったかというと当時まだゴルフを始めていないにもかかわらず、パターの練習セットを買った。ほら、映画やテレビドラマに登場する社長が、社長室に人工芝を敷いてパッティングしているでしょ。パターの練習をしながら、肩越しに部下の報告を聞いたりしてね。あれです。あれをやってみたかった。それで本棚よりもソファよりも何よりも、一番最初にパターの練習セットを買って『よっしゃあ、とうとうおれも社長室を持てたぞ』と達成感に浸っていた。笑えるでしょ。昔はそういうお金の使い方しかできなかった」

稲盛の教えは己を律するものが多い。贅沢三昧の生活を送っていた扇山がそれを理解するのに時間がかかるのは当然だった。経営が左前なら教えにすがったかもしれないが、幸か不幸か事業は順調。都市部から離れた扇山の地元は会社の数も少なく、地元の銀行支店長が「このあたりで今どき成長している会社は少ない。扇山社長の経営手腕は素晴らしいですね」と手放しで褒めてくれる。あえてつらい道に進む必要もなかった。

そんな扇山も、次第に稲盛に引かれていく。稲盛の言葉がボディーブローのように蓄積し、「動機ゼニなりや」の生き方にも少し虚しさを感じ始めていたからだ。だが、稲盛の言葉は腹に落ちそうで、なかなか落ちなかった。ありがたいことを教えているのは分かるが、やたらにハードルが高く感じられた。「動機善なりや、私心なかりしか」という教えにしても、本当に人間は私心を１００％拭い去れるものなのか、と。

読解のヒントをつかんだのは、京都の松下資料館を訪ねたときだった。

「松下幸之助さんが80歳のときのビデオが見られるんですよ。その中でこんな話をしていました。『私は80になってもまだ私利私欲のかたまりです。しかし、この年になってそれではさすがにいかんから、毎日寝るときに、今日一日どのくらい自分が我慢したかを反省しとるのです』と。これを聞いてはっとした。そうか、塾長の言う『動機善なりや、私心なかりしか』が意味しているのはこのことだと、私の中で瞬間的に結びついたのです」

人間は傲慢な生き物だから、常に「私心なかりしか」と省みなければならない。私心をなくそうと、努力すること。それが稲盛の本意ではないかと、扇山は解釈した。

「塾長の言葉は美しい。幸之助さんは優しく言う。違いはあるが、本質は同じ。高級ブランドのスーツを買っても、自分の体形に合わなかったらそれこそお仕着せになっちゃう。私に合うようにうまく寸法直しをしてくれたのが、幸之助さんのビデオだった」

この一件以来、扇山は稲盛の話を自分なりに咀嚼《そしゃく》していった。

「誰にも負けない努力をする」という稲盛の言葉も、扇山は「誰にも負けない努力をする、と言える人間になろう」と置き換えている。「誰にも負けない努力」をするのは大変なこと。「おれは誰にも負けない努力をしている」と言い切ってしまうと、傲慢になりかねないからだという。

もちろん稲盛も、折に触れて自身の言葉を丁寧に解説している。例えば「足るを知る」という言葉。稲盛は「足るを知りなさい」と言いながら、一方で塾生に、業績をできる限り伸ばすことを求める。あるとき、1人の塾生が稲盛に尋ねたという。

「我々は良い会社をつくればいいのであって、売り上げを追いすぎるのは良くないのではないでしょうか。塾長も『足るを知りなさい』とおっしゃっていますよね」

すると稲盛はこう一喝した。

「あんたの会社は、市場のシェアを何%取っているんや。『足るを知る』という言葉に甘えて、あんたは楽をしようとしているだけだ。社会に影響を及ぼすくらいに、言ってみれば独占禁止法に抵触するほどの規模であれば、足るを知りなさいという言葉も当てはまるだろう。たかだか売り上げ数億円の企業経営者が『足るを知ることが大切だから、もう売り上げを伸ばしません』なんて何を考えている。おこがましい！」

これを聞いた扇山は「なるほど、分かりやすい！」と得心した。「足るを知る」は強欲を捨てることを説いており、努力を抑えることではないのだ。

「多くの塾生は、塾長の言葉をきちんと受け止めています。でも中には、フェイスブックなどに『今日も一日、誰にも負けない努力をします』とコメントしておきながら、その午後からゴルフに行ったりする。ゴルフは一向に構わないけれど、言葉と事実がずれているのではないかと感じることがあります。『武士道』を著した新渡戸稲造は、『信実と誠実となくしては、礼儀は茶番であり芝居である』と言っています。この『礼儀』を『言葉』に置き換えると分かりやすい。自分が発した言葉を、一つひとつ確実に実践してきた稲盛塾長が言うからこそ、重みがある。その美しい言葉だけを便利に使うのは良くない」

かつて稲盛も「塾生の中には、論語読みの論語知らずになってる人が多い」と注意したことがあるという。勉強するだけで満足してはいけない。勉強したことを実践でどのように生かしているのか。そこが大切だ、と。

扇山は自戒を込めて言う。「『今日の塾長の話は良かったなあ』で終わったら、何にもならないでしょ。高級車の窓から手を出して『謙虚じゃなきゃいかんなあ』と言っていた頃の、私のような経営者では駄目なんです」

扇山をここまで言葉に執着させるものは何なのか。

旺盛な知識欲自体は今に始まったことではない。「父親は学校というものに通ったことがなく、母親も尋常高等小学校しか出ていない」と扇山は言う。そうした環境も関係しているのか、とにかく子供の頃からあらゆる物事を知りたいという衝動に駆られ、それが高じてテレビのクイズ番組に何度も出演。高校は宮崎県下一の進学校に進んだ。言葉を表面的にとらえず、核心を見極めようとする探究心も、その延長線上にあるのだろう。

そしてもう1つ。扇山が稲盛の人柄にほれ込んでいるということも大きい。

稲盛はよくこう言う。

「経営者なら、30人や40人の従業員をほれさせんかよ。従業員にほれられるような人間になれば、従業員は懸命に働いてくれる」

人間というのは極端な話、好きな人のためなら人殺しまで手伝う。好きな人の言うことには、それほどまで従順になる。稲盛は人間の本性をとらまえて「従業員にほれられる人間になれば、会社は発展する」と喝破《かっぱ》し、自ら経営で実践してきた。だが、そう明言する経営者はほとんど聞かない。多くの経営者は「ほれる、ほれられる」といった関係構築など幼稚であり、学者の論文に出てくるような経営論こそが高尚だと思いがちである。稲盛はそこに大いなる誤解があると、一貫して異を唱えてきた。

そして稲盛は、どうすればほれられる人間になれるか、身をもって塾生に教えている。扇山はこう話す。「塾長としてものすごい情熱を私たち塾生に傾けながら、一方では塾長例会の空き時間に海水浴で子供のようにはしゃいだり、カラオケで熱唱したり、素の部分を見せてくれる。そこがまたいいんですよ。塾長とのこういう一つひとつのやり取りや場面を通じ、どんどん塾生は、『稲盛和夫』にほれ込んでいくのです」

稲盛にほれればほれるほど、稲盛のことをもっと知りたいという欲求が増す。知的好奇心の強い扇山の場合は、それが言葉の解釈に向かった。

扇山の発案で作った「雑魚寝会《ざこね》」も同じ流れにある。追っかけメンバーを中心に構成する「雑魚寝会」は塾長例会の翌日、その都市で事業を営む地元塾生の会社を訪ねている。例えば、以前に稲盛哲学で社内の雰囲気が一変したと話していたが、それは本当か。稲盛哲学を従業員が理解しているというのは事実か。そうしたことを確かめるためだ。

「ウソを暴きたいのではありません。ありのままの姿を見せてもらいたいだけ。オブラートに包まず互いに腹を割ってこそ、本当の学びが起きる。普通なら仲間に見せ合うことを嫌がる経営者も多いけど、そこは盛和塾のいいところでみんなオープン。やはり塾長が説く利他の心からきているんでしょうね。塾長に雑魚寝会のことを話したら『そりゃ、ええこっちゃ』と言ってもらいました」

訪ねる人数が多すぎるとその会社に迷惑をかけるので、約25人のメンバーのうち、企業訪問は先着申し込み順で15人ほどに限定。ホテルには泊まらない。必ず大部屋のある旅館を探し、仲間と雑魚寝をするのが決まり。そのほうが深いつき合いができるからだという。夜遅くまでビールを飲み、その日の学びについて意見を交わす。朝も早起きして経営の悩みを吐露し合う。さらに毎年4月の雑魚寝会では全メンバーが自社の決算書を持参し、1年間の経営を総括した上で、次の1年の決意表明をすることになっている。

時には議論に熱が入りすぎ、メンバー同士でつかみ合いのけんかになりそうなことも何度かあったという。

「こういう人間関係って得がたいですよね。みんな自分の会社では一国一城の主として、これでいいのかな、こうしたほうがよかったかなって、いろんな悩みを抱えながらやってるわけですよ。そういうことが分かち合える仲間というのは貴重です。盛和塾では12月に『忘年例会』があって、その後は翌年の3月半ばまで全国から集まる例会がないんですよ。これはちょっとした禁断症状。みんなの顔を見たくなる」

「すべての塾長例会に参加することに意味があるのか」と首を傾げる人もいるかもしれない。稲盛自身も昔、ある講演に招かれたとき「こんな早い時間から、社業をほったらかしてこんなところに来るな。今すぐ帰れ」と一喝したことがあるという。では、盛和塾の活動をどう解釈すればいいのか。稲盛はあるときこう話した。

「塾長例会に地元の人が参加するのは分かるが、どうして遠い場所からわざわざ来るのか、そんな暇があったら仕事をしろと以前は思っていた。でも、何だかよく知らないが『追っかけ』という言葉が生まれ、その追っかけの人ほど業績を伸ばしている。ということは、ここに来るなというわけにもいかん」

扇山は言う。「塾長の話を何度も聞く稲盛教の信者は、塾長の話を深く理解するだけでなく、互いに刺激して学び合う。だから会社の業績も伸びるのだと思います」。

扇山は稲盛から学んだことを、50人いる従業員に全社研修などを通じて伝えている。特に道徳面の教育には時間をかけている。ただ、言葉にうるさい扇山だけに、稲盛から聞いたことをそのまま従業員に伝えることはしない。

「塾長の言葉は私に言わせれば北極海の氷塊みたいなもの。それを従業員にそのまま運んできて『食べろ』と言っても食べられない。おので砕いて、細かくかき氷にして、甘い蜜をかけてから『食べてみなさい』と目の前に出して、初めておいしく食べてくれる。従業員とは毎月コンパもします。従業員と飲んで、生き方や働き方をとことん話し合う。またトイレ掃除をしたり、怖いお兄さんにクレームをつけられたら真っ先に駆けつけたりと、社内の一番嫌な仕事を私が全部する。従業員からほれられているかどうかはまだ分かりませんが、多少は頼りになると思ってくれているのではないかな」

扇山は「経営者とは教育者のようなもの」と考えている。

「仕事を通してどのように人として成長していくのか。それが一番大事なことだと思うんですね。特に最近は会社の役割が増している。会社説明会をすると、必ず僕は『ご両親の生年月日を言える人はいますか』と聞くんです。答えられる人は１００人いたら10人もいない。そういう教育は、親自身や学校の教師が本来はすべきことでしょうが、今の世の中はそれができていないから、会社が代わりにそこまでしなくてはいけない」

かつて高級車を乗り回していた扇山は今、国産の小型車に乗っている。

「別に高級車が悪いわけじゃないんですよ。塾長も強欲は否定していますが、人間本来の欲望はもちろん必要だと話しています。ただ私の場合は『動機ゼニなりや』の頃があまりに情けなかったものですから。当面は今の小型車に乗り続けるつもりです」

独特の物言いから塾生仲間から誤解を受けることもある扇山だが、それは経営に真摯に向き合っていることの裏返し。やはり稲盛信者の1人である。

師曰く――

「人間が生きる上での基準はただ1つ、
人間として何が正しいかです」

「稲盛和夫(北京)管理顧問有限公司」。2010年4月、稲盛哲学を中国で伝えるための会社が北京で設立された。中国全土での啓蒙活動に加え、稲盛の書籍や講演DVDの販売などを担う。機関誌「盛和塾」によれば、会社設立の発端はその前年の秋、中国の出版社が北京で開いた稲盛の講演会だった。

臆病なほど慎重な経営で何度も経済変動を乗り越えてきたこと、エゴを捨て、従業員や顧客、取引先、地域社会など、企業を取り巻くすべての存在と調和する「利他の心」の大切さ――。稲盛は自身の経営のエッセンスを聴衆に語り、「経営者が心を高め、正しい哲学、正しい考え方を持って経営に当たることで、判断を誤ることなく、企業を正しい道へと導くことができる」と締めくくった。

この内容が中国国内で大きな反響を呼び、同公司の設立へとつながる。瞬く間に門下生の輪は広がり、中国の塾生は12年末時点ですでに1335人。一方、日本の盛和塾は開塾30年で約6300人。この数字だけを取っても、中国における稲盛ブームの過熱ぶりがうかがえる。「盛和塾現象」とも表されるその熱狂は、尖閣諸島を巡る政治問題とは無縁。中国の盛和塾大会に日本から参加したある塾生は興奮気味に言う。

「参加者は30代から40代前半の若い経営者がほとんど。2日間にわたり、中国経営者の経営体験発表や稲盛塾長の訓話が続いたが、全く私語がない。ものすごく真剣で、塾長への質問が許されるとものすごい数の手が挙がった」

中国で沸き上がる稲盛大旋風をリードしているのが、稲盛和夫（北京）管理顧問有限公司の董事長、曹岫雲《そうしゅうん》だ。1969年に無錫軽工業学院（現江南大学）を卒業後、企業と政府機関に勤めた後、92年に起業した。現在、無錫中幸時装有限公司など6つの経営に関わる。

曹と稲盛の最初の接点は、2001年までさかのぼる。

その年の10月、天津で中日企業経営哲学国際シンポジウムが開かれた。テーマは稲盛哲学。天津日本企業経営哲学研究会と日本の盛和塾の共催で実現したもので、稲盛本人も日本から駆けつけた。一方の曹は、地元の江蘇省の企業家連合会から「あなたは日本語を話せるし、日本語の文章も読み書きできるから省を代表して天津の会議に参加してほしい」と依頼され、シンポジウムで自身の経営について発表することになった。

曹が選んだテーマは「百術一誠に如かず（百の戦術を弄しても、1つの誠実さにかなわない）」。この曹の発表を受けて、初対面の稲盛は次のように話した。

「物事には必ず判断基準があるのです。物であれば、重さや長さで測ります。そして人生にもやはり判断基準はあります。その基準は非常に簡単です。人間が生きる上での基準はただ1つ、人間として何が正しいかです。正しいこととは何かというと、正直で嘘をつかない、勤勉で怠けてはならない、謙遜で傲慢であってはならない、足るを知り、貪欲になってはいけない。自分の利益を考えるより、他人の利益を考えなくてはならない……。こうした基準に照らして人は生きなければならないし、また企業経営もしなければならないのです。ただし、正しいことを貫けるかどうか。そこが問題です」

正しいことは何か。稲盛は、京セラとKDDIという2つの企業の発展もまさにそこから始まり、この1点からすべてが展開していったと説明した。

「この話を聞いた瞬間に、これは真理だと直感した」と曹は振り返る。

曹の世代は文化大革命期に学生時代を過ごし、毛沢東思想の教育を受けてきた。文化大革命がその後否定され、この世の中で何を信じたらいいのか、真理が分からないまま経営していた。そんな曹にとって稲盛の話は、どんな宗教にも勝る真理に思えたという。

「中国は1978年の改革開放政策以降、経済が発展し、高度な技術も導入してきました。でも価値観は非常に混乱しています。利己主義が先に立ち、多くの人がとにかく自分が金持ちになりたい、自分が有名になりたい、自分の家族を幸せにしたい、と考えている。改革開放以前は、働いても働かなくても、努力しても努力しなくても同じでした。その反動なのでしょうか、どうも極端すぎるのです。企業経営においても、改革開放後に欧米を中心に管理手法を学びました。でも、幹部と従業員が心をどのようにまとめたらいいのか、人の問題になるとやり方が分からず、みんな困っています。結局は成果主義の傾向に偏ってしまい、企業と従業員の関係は卑しい金銭関係でつながるだけになって、長く関係が続かない。会社は株主のものであり、従業員はコストに過ぎないと考えている。そこに、従業員を大切にしようという発想はありません。私の会社の従業員は非常にしっかり働いてくれますが、私は経営者というだけで、従業員と比べものにならないほど多くの収入を取っています。果たして、これが正しいのかどうかも分からない」

中国では国営企業を除けば、大企業も中堅・中小企業も改革解放後に設立された会社ばかり。経営者としての経験が浅いにもかかわらず、おそらく自分たちの想像以上に中国経済が爆発的に伸び、多くの企業が急成長できた。その陰で経営者たちは試行錯誤を繰り返しながら、経営のあり方を模索している。

中国では日本以上にＭＢＡ（経営学修士）の取得が盛んだが、実は欧米流のマネジメントだけでは不十分だと感じている経営者は多い。それは中国が、孔子の国だからでもある。孔子の思想は文化大革命期に「封建主義の道徳」と非難されたが、江沢民が国家主席時代に孔子を再評価し、その教えである儒教が復権しつつある。中国は今、稲盛ブームであると同時に、儒教などの国学ブームでもある。ただ曹はこう指摘する。

「国学の古い言葉は大学を出た私でも難しく、若い人にはかなり難解です。その点、稲盛塾長の話は、その中に孔子や孟子をはじめ、中国の古人の話が出てきますが、人間として何が正しいかという一言に集約されますから、分かりやすい。（明代の思想家）王陽明は『致良知《ちりょうち》』という言葉を残しています。自然界の摂理は心の中の良知と同じである。だから人間として何が正しいかをよりどころに行動すれば、天理に合い、どんなに困難なことでも天は必ず助けてくれる。そんな意味です。塾長も、正しい道を純粋な気持ちで一生懸命に進めば、技術開発でも何でも神様が自然に助けてくれると話しています。このように稲盛哲学は国学と重なる部分もありながら、それでいて非常に分かりやすい」

どうして稲盛哲学は分かりやすいのか。その理由は、経営の実践の中で生まれたものだからだと、曹は見ている。稲盛が京セラを創業した頃、従業員は中学や高校を出たばかりの若者が大半だった。そんな若者にも理解できるように説明し、行動を促していった稲盛の言葉は意味するところは深いが、表現としては平易なものが多い。

それでいて、実用的でもある。この実用的という点もポイントだ。中国では二宮尊徳も人気がある。尊徳は「道徳なき経済は犯罪であり、経済なき道徳は寝言である」と喝破したが、その具体的な手法までは示していない。そこで、経済と道徳を習合した稲盛哲学に中国人が群がる。儒教的な徳だけでなく、市場主義を渡り歩くすべを示している稲盛の話は、哲学と実学を兼ねた理想的な教えだと中国企業家の目に映ったのだ。

曹は、稲盛が掲げる「全従業員の物心両面の幸福を追求する」という経営理念にも注目している。曹の出身地、江蘇省無錫市ではリーマン・ショックのとき、多くの企業が従業員を自宅待機にして賃金を半額カットしたり、従業員を解雇したりした。米国資本の企業は、総経理まで解雇したという。

「経営が好調なときは賃金が非常に高いが、業績が下がったら『あなた、もう要りません』と放り出される企業が多い中、無錫にある京セラのグループ会社は何も変わらなかった。（内部留保を厚くする）ダム式経営をしていますから経営が安定しており、結果として従業員は物質的な幸せを享受できるのです。また、精神的な幸せを従業員にもたらすと、チームワークが非常に良くなります。しかも、全従業員の物心両面を幸せにすることを掲げた経営者は、従業員の幸せのために一生懸命に頑張りますから、従業員を堂々と厳しく叱ることができる。自分にも従業員にも厳しくできるので、チームが非常に力を持つのです」

「正しいことをしなさい」と説く稲盛のフィロソフィと同様、曹はこの理念が企業経営にとどまらない普遍性を持つと考えている。

「物心両面の幸せというのは人類が何千年以来、全世界の聖人賢人が求めてきた世界だと思います。孔子孟子もいろいろ言いましたが、現実にはうまくいかなかった。塾長はそれをある程度実現してみせたのです。全従業員を全国民に置き換えて、これをすべての国の理念にしたらいいと思う。どこの国でも、国民の物質と精神、両面の幸せを追求するのが目的のはずです。これ以外に何があるというのでしょうか」

今中国では、自分の人生と経営を「稲盛前」と「稲盛後」に分けて語る人たちが増えている。稲盛の教えに触れる前と触れた後では、生き方や経営状態が大きく変わるからだ。

「中国の経営者たちは企業をうまく経営するため、人生を豊かにするためにたくさんの勉強をしてきましたが、稲盛塾長のように哲学もあればアメーバ経営もあるというのは、価値の次元が違うと感じています。塾生の中には小さい企業もあれば、大きい企業もあります。企業規模に関係なく、稲盛経営を実践すれば成果が出るというのは驚きに値する」

曹は塾生の一例を示してくれた。

「成都の不動産仲介会社には、3000人いる従業員一人ひとりに稲盛哲学が浸透しています。フィロソフィの話が、何気ない日常会話に出てくるのです。言霊という日本語がありますね。言葉の意味を深く理解し、それに基づいた行動を実践すると、言霊として心の底から言葉が出てくる。その会社の会議の様子を見せてもらうと、従業員がそういう言霊を発しているのです。この浸透の深さにはびっくりしました。アメーバ経営も取り入れて、前は売上高しか見ていなかったのに、今は従業員みんなが1人当たりの付加価値をチェックしている。すごい力を持った会社で、10年後には従業員を5万人に増やす計画を掲げています」

中国では、稲盛の哲学と実学を吸収した若い経営者が続々と台頭している。その中から中国でナンバーワン、世界でナンバーワンという企業がこれから出てくるだろう。

「中国の稲盛ブームはまだ始まったばかりですよ。この哲学が持つ力を考えると、そして中国社会が持つ潜在的な需要を考えると、まだまだ浸透が足りないのではないかと思っています。はっきり言って、中国は道徳が欠落した拝金主義社会です。だから稲盛塾長の哲学を広めないと怖い。どんなに経済力、軍事力をつけても怖いですね。私個人の意見じゃない、みんなそう思っていますよ。だからこそ、（日本語が理解できて、稲盛哲学を研究している）私のやるべきことは多い」

使命感を燃やす曹は、2012年3月から、稲盛の言葉を中国語に翻訳し、それをミニブログ（中国版「ツイッター」）に毎日上げている。稲盛のミニブログのファン（常時読めるように登録している人）は驚異的なペースで増え続けており、その年末には早くも250万以上に膨れ上がった。

「共産党は他のイデオロギーを認めないから、日本人の哲学をミニブログに上げて大丈夫なのか」「日本と中国は歴史問題もあり、現実の政治問題もある。日本人の思想を中国の経営の模範にするのは、中日関係が良くないときにはまずいよ」。そう心配する人もいたというが、曹は意に介さない。「塾長が話しているのは、心の話です。日本人も中国人も関係ない。反対されるわけがありませんし、実際に何も起きていません。それどころか、中国の人がたくさんの好意的なコメントを書き込んでくれています」。

稲盛の著書『生き方』などを中国語に翻訳した『活法』シリーズも売れている。この翻訳を担当したのも、実は曹である。稲盛の言葉のニュアンスを中国語でどのように表現するか、その言葉にはスピリチュアル（霊的）なものが多いため、翻訳には時間がかかるという。時には1つの文章を翻訳するのに幾日も悩み続ける。

中国版『生き方』は、中国の稲盛信者にとっては経典のような位置づけだ。従業員に配るため、1社で何百冊をまとめ買いする会社はざらにある。中には、1社で750 0冊を購入した会社もあったという。このことから、経営者だけでなく一般の中国人ビジネスパーソンにも、稲盛哲学が急速に浸透していることが想像できる。曹の知人には、枕元に『生き方』を置いて、毎晩繰り返し読んでいる人までいるらしい。

もはや社会現象といえる稲盛ブームを受け、中国中央電視台（CCTV）は稲盛哲学に関する番組を08年から断続的に5回にわたって放映した。曹によれば、特定の経営者の思想についてこれほど多くの特別番組を作ったのは例がないという。

曹はこんなエピソードを教えてくれた。

「テレビ局のカメラマンが塾長を撮影しているときに気がついたことがありました。それは、たくさんの資料が入った重いかばんを、高齢の塾長が自分で持ち歩いていたことです。しかも塾長は自分が講演した後も8時間以上ずっと、他の人の経営体験発表を熱心にノートに書き留めながら聞いている。全身全霊で耳を傾けているのです。中国の偉い人はこうはいきません。かばんは自分で持たない。人が大勢集まる会場に招かれても、挨拶の時間には遅刻するし、しかも5分くらい話してさっさと帰るのが普通です。それなのに司会者が『忙しい中、わざわざお越しいただきありがとうございました』と拍手を求める。そんなことに慣れた中国人が、稲盛塾長の人柄に感激するのは当たり前です。こうした塾長の人間的魅力もテレビで伝えられました。私自身も塾長といると気持ちがいい。充電されるだけでなく、気持ちが非常にいい。これはみんな感じているはずです」

曹がイメージする理想的な経営者は、このように稲盛そのものである。

「私は勉強することが大好きです。しかし、会社を大きく発展させた中国人経営者の理論や心得をいくら読んでも、感服することはありませんでした。世界の歴史や思想も学びましたが、塾長のような人は他に知りません。塾長はもともと技術者であり、経営者として広く知られるようになりました。でも本質的には、塾長は徹底的に正しさを追求する思想家、哲学者だと私は考えています。私は簡単に人に敬服するタイプじゃない。本当に自分の心に納得できないものは、その人がどんなに偉くても信じない。塾長がどんなに大きな会社の経営者であろうが、それは関係ない。ただその哲学に引き込まれたのです」

日本の経営者が、西洋型「マネジメント理論」と、東洋型「徳の経営」の間を揺れ動いている間に、儒教の本家本元中国では「稲盛和夫」という媒介を通じ、経営者のあり方を深く掘り下げている。中国企業は人件費の安さや高度経済成長を後ろ盾にして伸びているだけという見方は、過去のものになりつつある。

むしろ曹は日本の経営者を心配する。「日本企業は、技術や工夫のレベルでは中国企業より上」と曹も認めるが、経営者について尋ねると表情を曇らせる。

「無錫にはたくさんの外資企業があります。韓国企業の場合は、半年たっても中国語を話せない社員は本国に戻します。日本企業はそこまで厳しくしない。政府担当者から見れば、韓国企業より台湾企業より香港企業よりシンガポール企業より、日本の企業はずっとおとなしい。その原因は経営者にあるのでしょう。特に2代目経営者の中には優秀な人もいれば、申し訳ないが全然優秀ではない人もいる。長年中国企業と商売していながら中国語もしゃべれない。努力しないのです。うちの息子と比べ物にならない。稲盛哲学は中国企業にも必要だが、日本の経営者ももっと学ぶべきです」

最近は中国の盛和塾生が、団体で日本に勉強に行くことも増えているという。日本の塾生企業を訪問して、稲盛哲学を一緒に勉強するためだ。「これはとてもためになります。しかも日本の経営者は良いことも悪いことも全部さらけ出してくれるし、こちらの質問にも丁寧に答えてくれます。反対に日本の塾生が中国の塾生を訪問するようにもなっていますし、今後はこうした交流がもっと増えるでしょう」。曹は満足そうに目を細める。

第三章

経営者とは何か

500人以上の塾生が集まった、ホテルの宴会場。それまで各テーブルで和やかに談笑していた塾生たちが一斉に自分の椅子を持ち上げ、ある一点を我先にと目指す。その中心にいるのはもちろん、稲盛和夫。稲盛の席を何重にも囲み、車座となって静かにそのときを待つ。ここからが塾長例会のクライマックスだ。

盛和塾の塾長例会は全国各地で年に10回ほど開かれている。この日の塾長例会では、まず2人の塾生が40分ずつ映像資料を交えながら自らの経営者人生について発表。壇上脇で聞いていた稲盛が、それぞれの発表者に自身の実体験を交えながらコメントを出す。発表者の人数はその時々で変わるが、「経営体験発表」と呼ばれるこの形式は、いつもほぼ同じ。500人の塾生は自身の人生を重ねながら、発表に耳を傾ける。

続いて懇親会。ひときわ目を引くのが、稲盛と一言でも言葉を交わそうと、長蛇の列を作る塾生たちの姿だ。塾生1人の持ち時間は暗黙の了解でおよそ1、2分。誰もが決まったように稲盛とのツーショット写真を撮ると、満足そうに自分の席に戻る。

そして懇親会をいったんお開きにした後、司会者の声を合図に、いよいよ冒頭の「2次会」と称するミニ経営問答が始まる。

あらかじめ発表者が決まっている経営体験発表に対し、この経営問答は早い者勝ちで手を挙げ、運が良ければ経営の悩みを稲盛に直接ぶつけられる。質問する塾生も、稲盛自身も少しアルコールが入った状態。時には質問者が涙ながらに日頃の不安を吐露し、時には稲盛が顔を真っ赤にして塾生を叱り飛ばす。まさに本音で繰り広げられる経営談義の時間だ。この日は6人の質問が許された。その中で、稲盛が最も時間をかけて答えたのが、眼鏡店を経営する塾生からのこんな質問だった。

「ここ半年で中堅社員が4人も辞めてしまいました。その理由は嘘か本当かはよく分かりませんが、『今の仕事に不満はないけれど違うことをやりたかった』と。私はこれまで、従業員を自分の最愛の人だと思うようにして、そしてコミュニケーションを深めるために『コンパをやろう』と声をかけてきたのです。でも従業員は、『僕はお酒が飲めない体質です』『今日は車で来ているから飲めません』とつれない返事をするばかりで……。その揚げ句に大量退社です。私はこれから一体、どうすればいいのでしょうか」

マイクを握り締めて聞いていた稲盛は、静かに語り始めた。

「中小企業は大企業のように待遇は良くないし、福利厚生も十分ではない。ないない尽くしなんです。つまり従業員から見て、我々中小企業には魅力がないんです。将来に対してものすごく不安なわけです。もしうちの会社が大企業であれば、優秀な従業員を引き留められただろうという悩みは、中小企業の経営者はみんな感じていらっしゃる。頼りにしていた従業員が辞めていくことほど、つらいことはないと思います」

諭すような口調がここから一転し、稲盛は力を込めた。

「会社に魅力がないとすれば、社長であるあなたにしか魅力は出せないのです。あなたが魅力的であれば、小さな眼鏡店かもしれんが、『この男はいつも私に夢を与えてくれる。この男と一緒にいるなら、もっともっとこの会社は大きくなる』と従業員が思ってくれる。だから、あなたが従業員にほれさせないといかん。ほれさせるだけの魅力がなければ、誰もついてこない。辞められるというのは、本当に悔しいことです。さほど優秀でもない人間まで、愛想を尽かされ辞められてしまうことがある。引き留めようとしても言い訳をされて、辞めていってしまう。しかし、それなら中小企業に誰も残ってくれないのかというと、それでも残ってくれる、頑張ってくれる従業員はいるのです。そういう従業員をどれだけ多くするか。それがリーダーの魅力、人間性ではないでしょうか」

稲盛は功成り名を遂げた今も、中小企業の経営について語るときはよく「我々、中小企業は……」と話す。何兆円という企業をつくり上げた男が、同じ目線に立ってくれる。これだけでも、中小企業経営者の心は稲盛にぐいと引き寄せられる。

経営体験発表から始まり、4時間を超える塾長例会を締めくくるのは、予想だにしなかったセレモニーである。司会者がこう案内した。

「そろそろお開きにしたいと思います。皆さん本当にありがとうございました。それでは恒例の『故郷（ふるさと）』を合唱したいと思います」

一斉に塾生が立ち上がり、壁際に並んで肩を組み始める。

そして500人による唱歌「故郷」の合唱が始まった。

「うさぎ追いし、かの山、小ぶな釣りし、かの川……」

かつて稲盛が勤めていた京都の碍子メーカーは倒産の危機に瀕し、同期入社の仲間が次々と辞めていった。寂しさと将来への不安をまぎらわすために、郷里の鹿児島を思い、寮の近くの川原で毎晩のように口ずさんだのが、この「故郷」だという。

目を閉じたまま歌う人。満面の笑みをたたえて歌う人。宙を見つめながら神妙に歌う人。涙を流しながら歌う人。それぞれに思いを馳せながら、500人が歌う。

「ここは私たちの学びの場であり、癒やしの場であり、魂の浄化の場です」。ある経営者が開会の辞で述べた言葉が、盛和塾の役割を端的に物語っている。

盛和塾の発足は1983年、稲盛が51歳のときだ。京都の若手経営者が稲盛の経営を学びたいと繰り返し頼み、ようやく実現したのがこの年だった。機関誌「盛和塾」の創刊号(92年春号)で、稲盛はこう述べている。

「私の話を聞かせてほしいという要望が続いて、『ちょっと暇ができたら』と引っぱっとったんですが、熱心さにほだされて『じゃあお手伝いしましょう』と。そのときに『京都にお世話になったのだから今度はご恩返しをしなけりゃならんでしょう』と言いました。(中略)稲盛という男から、経営とか人生とかというものを学び取ろう、盗んでやろうでも結構ですから、ぜひ素直にそう思ってほしいんです。本気で、素直に、なるほどと思って、信じてくれれば、ものすごく経営が変わる。変わるんです。『ああそうか、おれもそう思う』と感激する。感銘を受ける。そうすると、私の言ってることが立派でなくても実は効果抜群なんですね。もし私の話が立派で、また受け手が受け手ならば、もうその会社がゴロッと変わってもおかしくない。新興宗教のようなことを言うつもりはありませんが、経営も、優秀な経営をやったやつの経営理念に接して、素直にそれをまねる、それが一番大事だと思います。ぜひ、本当に学びたい人に来てほしい。学びたいと思っている人はもう素直ですから、1回100万円払ってもおかしくないほどの値打ちがある。そうでない人は、たとえタダでも時間のムダになります」

そう話す稲盛自身もまた、多くの先達から学んできた。特に松下幸之助の影響を少なからず受けていることは、稲盛自身も認めている。

京都・山科にある京セラ経営研究所。「京セラフィロソフィ」と呼ぶ稲盛哲学を学ぶための研修施設で、稲盛と京セラの歩みを詳細に記録した資料を多数展示している。その中に65年、幸之助が講師を務めた関西財界セミナーに、稲盛が参加したときのスナップ写真がある。説明書きは「ダム式経営の話を聞き、感銘を受ける」。

事業が順調なときは稼いだお金をしっかり貯めて、逆風が吹いたときに備えるというのが、幸之助のダム式経営だ。これは稲盛が折に触れて話しているエピソードだが、幸之助の講演後、会場から「ダム式経営が大切なのはその通りだが、我々はお金がないから困っている。どうすればダムを造れるのか、そこが知りたい」と質問が出た。

幸之助はしばし考えた後、「まずは、ダムが必要だと強く思わんといけませんな」と答えたところ、会場内には失笑が起きたという。具体的な方法論を教えてくれなかったことが聴衆には不満だったのだ。

だが稲盛の反応は違った。幸之助の言葉を聞いて体に電気が走ったという。「その通りだ。

強く思わなければ、何事もかなわないのだ」。

このとき稲盛、33歳。幸之助に震撼した稲盛はその18年後に盛和塾を開き、中小企業経営者の師となった。この18年間で稲盛は、経営者がいかにあるべきなのかを、己と対峙しながら確立したといえる。その過程で自身が決断に迷った数々のエピソードを塾生の前で披露するとき、稲盛はまるで聴衆をその場にタイムスリップさせるかのように、驚くほど細かな描写をする。生来の記憶力の良さもあるのだろうが、鮮明に記憶に残るほど経営に真剣に、稲盛の言葉を借りれば「ど真剣」に向き合ってきた証しではないか。

生きた経営学を学ぼうと、これまで盛和塾には多くの経営者が門をくぐった。

その中には現在の上場企業経営者も多く、ぴあの矢内廣、ワタベウェディングの渡部隆夫、平和堂の夏原平和、サカイ引越センターの田島治子、大戸屋ホールディングスの三森久実、ネクストの井上高志など、挙げればきりがないほどだ。かつて時代の寵児となった光通信の重田康光、またブックオフコーポレーションを創業した坂本孝ら著名経営者の面々も目立つ。今は退会したが、ソフトバンク社長の孫正義も一時期在籍したという。

株式を上場していようが、どれだけ大きな会社であろうが、盛和塾では誰もが1人の稲盛門下生となって、ノートにペンを走らせる。自分の会社に「稲盛和夫の部屋」まで作ってしまった前述の大畑のように、ここまで師に入れ込む弟子たちは、他の勉強会ではまず見ることがない。その敬虔な姿勢には軽いショックすら覚える。

中でも「最も熱心な塾生」ともっぱら評判なのが、東証1部上場の事業用不動産会社、サンフロンティア不動産の社長、堀口智顕《ともあき》だ。

熱烈な「追っかけ」の堀口は、塾長例会で話す稲盛の言葉を速記者のように一言も漏らさず大学ノートに書き留める。テーブルのない経営問答の時間になると、手に収まる小さいノートに持ち替えて、酒もそこそこにメモを続ける。

そして、東京に戻る車内や機内では、稲盛の言葉を反すうしながら一から清書する。それを週末にじっくり読み返し、感じたことを自分自身の言葉で3000字のリポートにまとめる。まさに「最も熱心な塾生」の面目躍如である。

メモ、清書、リポートと形を変えて3回も書くことで「あらが削り取られ、それぞれの言葉が論理的につながり、言葉の背景がはっきり見えてくる」と堀口は話す。この「書く作業」を毎月繰り返し、稲盛哲学を体の奥深くに取り込んできた。

「必ず自社の場面を投影しながら話を聞いています。だからメモ帳には稲盛塾長の言葉だけでなく、その話の内容からイメージするうちの従業員の名前も無意識のうちに書いてしまう」と堀口は言う。同じ話を聞いても「いい話だった」で終わる人もいれば、堀口のように、自社の経営に生かそうと貪欲に吸収する人もいる。「まねるからこそ意義がある。塾長のような経営者になるのは無理だと思うようでは話を聞く意味がない」と断じる。

堀口は従業員と思いを共有するため、3000字のリポートを全従業員の前で発表している。稲盛の話を引用することも多いが、堀口がそこから何を学び、何を実践しようとしているのかという「解釈」を加えているため、単なる受け売りにはならない。「私の師匠が稲盛塾長ということは全従業員が知っているが、会社を支えるのは『稲盛哲学』ではなくて、オリジナルの『サンフロンティア哲学』だと誰もが思っています」。

堀口がまねるのは、経営思想だけではない。稲盛が話すときの抑揚のつけ方や語尾の結び方、視線の飛ばし方や身ぶり手ぶりなどもつぶさに観察してまねている。

例えば、稲盛は酒席でリラックスしているとき「皆さん、3分間だけ時間をください」と場を静め、経営者のあり方などを簡潔に説くことがよくあるという。そうしたテクニックもそのまま実践している。

「以前は、こんな会社にしたいという思いは強いのに、なかなか従業員に伝わらずに悩んでいました。今から思えば、一方的にたたみかけるような話し方が良くなかったと反省しています。稲盛塾長の話し方をまねてから、従業員の吸収力が断然違ってきた。話を聞くときの従業員の目の輝きを見れば分かる」という。

ほかにも、少し小指を立ててコップの持つ仕草や、乾杯のときに左手の指でスーツのすそをつかむ癖など、一見経営とは関係ないようなこともまねをする。塾生仲間には「やりすぎだ」と笑われるらしいが、堀口は大真面目だ。

「フォーマルな席で緊張したり、粗相のないようにしたいので塾長を手本にしている。でも、それ以上に少しでも塾長に近づきたいという思いがあるから、一挙手一投足までまねをする。そこまで信奉できる経営者を持ち、徹底的にまねを続けることで、自分自身がどんどん成長する。そもそも、人は生まれた瞬間から誰かをまねして生きている。良いまねを続けて本質に達すれば、自分の天性になると思う」

「まね」という意味では、稲盛哲学をまとめた「京セラフィロソフィ手帳」をほぼそのまま引用し、「〇〇(社名)フィロソフィ手帳」として社内で使っている塾生は多い。また盛和塾では、稲盛の箴言をしたためた特製のカレンダーを販売している。

「今日一日を精一杯努力する」

「もう駄目だと思ったときが、仕事の始まり」

「動機善なりや、私心なかりしか」

「値決めは経営」

「人生の方程式＝考え方×熱意×能力」

カレンダーをめくり、こんな稲盛の言葉を心の中で、あるいは声を出して唱えながら、朝を迎える塾生たちが全国にわんさといる。日々稲盛の教えに触れながら、何かの判断で迷ったときには「もし、自分が稲盛和夫だったらどうするか」と自問自答する。目指すは、稲盛との同行二人《どうぎょうににん》。同行二人とは、遍路巡礼者が弘法大師空海の加護を受けながら、共に歩くことだ。これと同様、いつも温かく見守ってくれる稲盛という師の存在は、孤独な経営者にとって涙が出るほどうれしい。


なぜ、稲盛はこれほどまでに信奉されるのか。

稲盛経営の代名詞といえば「アメーバ経営」。これは組織全体を5～50人程度の小集団（アメーバ）に細かく分け、各アメーバに独立採算を求める管理手法だ。

普通の会社でも部や課に分かれているが、アメーバ経営が従来型組織と大きく異なるのは、各アメーバごとに利益や経費が毎日分かる点。自分のアメーバが今日いくら儲けたのか、いくら赤字だったのかがはっきりするので、一人ひとりの従業員が経営者感覚を持って「売り上げ最大、経費最小」を目指すようになる。塾生全員がアメーバ経営を導入しているわけではないが、部門別採算は多くの塾生が取り入れている。

それにしても「売り上げ最大、経費最小」という言葉は平易だ。可能な限り売り上げを増やして、経費を抑えるのは、経営の初歩の初歩。だが、それを本当に徹底しているかどうか。稲盛が求めるのは「可能な限り」ではない。あくまで「最大」「最小」だ。複雑な経営指標を振りかざすのではなく、全従業員が一丸となって「売り上げ最大、経費最小」を実現する。そうすれば、どんな業種の企業でも利益率10％を超えるというのが、稲盛の主張だ。

盛和塾では2ケタの利益率を上げて初めて、一人前と見なされる。技術革新が少なく厳しい価格競争にさらされている業界、「3K」と称されるような、日本の産業を底辺で支えている業界。そうした中小企業の経営者が、意気揚々と利益率が10％の大台を超えたことを仲間の前で発表するとき、稲盛は思わず相好を崩す。

この部門別採算を各現場で機能させるには、「どんな会社にしたいか」という経営者のメッセージを従業員が共有し、経営者と従業員が深い信頼関係で結ばれていることが絶対条件だ。そうでなければ、実務的には手間のかかる計数管理を従業員に一方的に押しつけることになり、組織が疲弊しかねない。

そのため稲盛は、アメーバ経営の土台として「フィロソフィ」と呼ぶ経営哲学を従業員一人ひとりに埋め込む。酒を酌み交わす「コンパ」を通じ、なぜ生きるのか、なぜ働くのかを自問自答させ、従業員が「利他の心」を血肉化する瞬間を待つ。

厳格な計数管理と深遠な理念の共有。次元の異なる2つの経営の大命題を両立させ、実証してみせたのが稲盛の功績であり、名経営者と称されるゆえんだ。

どうすれば儲かるかを教えるコンサルタントは山ほどいる。人生の処し方を説く先達もごまんといる。だが、一見矛盾するかのように見える2つの命題を両立させた人物は少ない。渋沢栄一が「論語と算盤」を唱えて以来、道徳心と経済性を深いレベルでどう両立させるのか、多くの経営者が悩んできた。

この2つの大命題を解くカギ――稲盛はそれが経営手法にはなく、経営者個人にあると解き明かした。経営者個人の人間性に心からの信頼を置いてもらうことで、従業員は「売り上げ最大、経費最小」に励み、フィロソフィを学ぶ。

稲盛の経営はこのようなロジックで進む。

まず経営者は、従業員を物心両面から幸せにすることを唯一の経営目的にする。従業員の物心両面の幸せを実現するために、地域一、日本一、世界一の企業になるという高い志を掲げる。そして高い志を遂行するために、経営者が私利私欲を捨て、日々誰にも負けない努力をする。つまるところ、経営者個人のストイックな人間性。これを経営の核に据えることで、初めて計数管理と理念共有が調和できるのだ。

ストイックな人間性とは、どのようなものか。塾生が稲盛とのやり取りを通じて呻吟《しんぎん》するのは、まさにこの1点に集約されると言っていい。

香川県さぬき市で徳武産業を経営する十河《そごう》孝男も、その問題を突きつけられた1人だ。十河の会社は、高齢者用のケアシューズを作っている。筋力の衰えや病気などで、普通の靴ではうまく歩けないという高齢者は多い。そんな高齢者の切実な声に応え、靴の先端に適度な反りを持たせてつまずきを防いだり、靴底の高さを0・5センチ単位で変えられるようにした。細かやな心遣いをちりばめた靴は高齢者から支持を集め、10億円を超える事業に成長。十河はこの功績から数々の経営賞を受賞し、メディアからも引っ張りだこだ。

2008年2月、十河は地元香川県での塾長例会で、経営者としてどんな道を歩んできたか、事業の社会性を強調しながら稲盛の前で約40分間発表した。「稲盛塾長もきっと褒めてくれるはず」。そう思っていたら、予期せぬ言葉が待っていた。

「あなたは素晴らしい仕事をしているが、利益率が3％に満たないのはいけない。これではちょっと不況の風が吹いただけで、会社の存続が危うくなります。せめて、7～8％の利益率を確保できるように頑張りなさい」

　会社が潰れることなど考えてもいなかった十河は、「レンガでガツンと頭を殴られたような大きなショックを受けた」という。「これくらいの利益率で十分だと思っていた。経費を締めつけなくても資金は回っている。それに年金暮らしの高齢者がお客様だから、価格は抑えたい。世の中に利益を還元しているというくらいの気持ちだった。でも、会社が潰れたら高齢者は困り、従業員も路頭に迷う。私の思いが至らなかった」。

　事業の社会的意義が大きいだけでは不十分。利益率を一生懸命に高めて経営を安定させてこそ、従業員を守ることができ、世の中に役立つ事業も続けられる。それこそが経営者が歩む利他の道。道徳と経済、理念共有と数値管理の両立を説く、稲盛の真骨頂がここに見て取れる。十河はこのときから経営者としてさらに深化を始める。

　十河は従業員の前で頭を下げた。「黒字を出して満足しているようでは駄目だった。きちんとした経営で、どんな環境変化にも屈しない頑強な会社をつくり、従業員の皆さんがもっと安心して働けるようにしたい」。話を聞いていた従業員の表情がみるみる輝いてくるのが、十河には分かった。稲盛の言う通り、従業員の心の内には不安があったのだ。

約60のアイテムごとに細かく原価を計算し、採算が取れるように商品ラインアップを見直した。また生産委託する中国3工場に競争原理を導入し、同じアイテムの商品を重複して作らせ、生産性向上を促した。これらの改革を着実に進められるように、十河は60人いる従業員に対し「仕事の精度」を高める新しい仕組みも導入した。「以前から毎年、経営計画書を作り、従業員一人ひとりの役割と目標も定めていたが、仕事の進め方は従業員任せだった」と十河は言う。そこで9つの部門ごとに、毎月ミーティングを実施。十河もすべて参加するようにした。「従業員と一緒に考え、悩みや痛みを分かち合いながら、目標達成の精度を上げることが、経営者に必要だと分かってきた」と十河は話す。

従業員にも、そして自分自身にも厳しく――。稲盛との一件以来、十河の経営スタイルは大きく変わった。「結局、今までの私は、雑な経営をしていたのだと思う」。一連の取り組みで経常利益率は3年間で8％台にまで急伸した。

経営者はビジネスモデルを構築したら、終わりではない。部下に指示を出したら、それで終わりではない。経営者が組織に深くコミットし、くまなく、また間断なく愛情を注ぎ込まなければ、「この社長についていこう」と従業員は思わないのだ。ほれた人のためなら、人殺しまでするのが人間の性《さが》。ほれた社長のためなら、アメーバ経営でもフィロソフィ教育でも、従業員は熱心に取り組む。

稲盛は理想とする経営者像を、かつてこう説明している。

「結局はリーダーというのは、素晴らしい人間性を持っていなきゃならんのです。私は子供の頃、よく戦記物を読んだのですけれど、大将には、全軍と一緒に大将自ら馬に乗って、我に続けと言って進んでいく大将と、後方に天幕を張って、軍扇持って指示する大将と、2通りあるわけです。例えば、日露戦争の旅順攻略のとき。

乃木希典が二百三高地の前線に布陣する一方、司令官の大山巌は後方陣地におった。あるとき、大山が起きてきて朝の空気を吸いながら、副官に薩摩弁で『今日はどこでいっさがあんどかいな（今日はどこで戦があるのか）』と言う。二百三高地では死屍累々《ししるいるい》となって争奪戦をやっているのに、何を言うてるのか。大山巌というのは我が薩摩の大先輩ですが、私は『おれならば最前線に行って、二百三高地の下で乃木希典よりもっと前へ行って、塹壕の中で泥水をすすり、銃弾も受けて、前線の兵を叱咤激励する。そうして部下の士気を鼓舞する指揮官でなかったら、真の指揮官ではない』と憤慨した」（＊3）。

スパルタ式で従業員の尻をたたいたり、高額報酬をニンジン代わりに目の前にぶら下げたりするのではなく、経営者が着火点となり、組織に火をつける。会社が良くなる要因も、悪くなる原因も、すべて経営者に帰結させる「究極のリーダーシップ論」。これが、稲盛が半世紀にわたって説き続けたものなのだ。

だが稲盛とて、完全無欠の人間ではない。稲盛自身も認めているように、内から突き上げる利己との闘いをずっと重ねている。

その象徴的な出来事が、１９９７年に、稲盛が京都にある臨済宗妙心寺派の僧堂、円福寺で得度したことだろう。以前は多忙の身を割いて、托鉢や辻説法にまで出ていた。仏教の教えを経営に生かす経営者は多いが、仏門に入る経営者は限られる。

日々の生活でも、ぜいたくを慎んでいる。稲盛はＪＡＬの会長就任後、京セラや自宅のある京都からＪＡＬの本社がある東京に向かうとき、伊丹空港を使ったという。京都から新幹線で直接東京に向かえば体力的に楽なことは分かっているが、わざわざ京都から、大阪と兵庫にまたがる伊丹空港まで移動し、そこからＪＡＬ便に搭乗した。もちろんＪＡＬ再生に対する覚悟、義理、人の目なども多少あるのだろうが、他の経営者が稲盛の立場だったとしたら、果たして毎回京都から伊丹空港まで移動するだろうか。

また、セキュリティーなどの観点から東京の定宿にしている高級ホテルでは、ホテルの朝食が豪華すぎて量も多いということから、稲盛自ら、近くのコンビニエンスストアで1個数百円の弁当を毎朝のように購入し、ホテルの部屋で食べていたという。これにしても稲盛クラスの経営者であれば秘書に買いに行かせるのが普通だ。

楽をしようと思えば、いくらでもできる。だが稲盛はその道を選択しない。稲盛の人間性で最も称賛に値するのは何かというと、老境の域に入り、「経営の神様」という称号を手にしてもなお衰えることのない、この克己心だ。

「これでは駄目だ」という自己反省を瞬間瞬間に、猛烈に繰り返す。稲盛に神格性が宿るとするならば、間違いなくそこである。人懐こい笑顔にほだされて近づくと、鬼気迫る克己心に触れて思わず後ずさりしてしまう。そこに尽きることのない人間の可能性を感じた周囲の人々が、稲盛に心酔していく。

ではなぜ稲盛は、これほどの克己心を持っているのか。それは前段のインタビューでも語っているように、その境遇と無縁ではないだろう。

鹿児島の平凡な印刷職人の家庭に生まれ、12歳のときに結核で死線をさまよう。13歳で空襲により実家を焼失。青年になり、大阪大学医学部を志すが受験に失敗し、鹿児島大学に進学。勉学に励み、自他共に立派な会社に入るものと信じて疑わなかったが、朝鮮戦争後の不況と重なり、今にも潰れそうな京都の碍子メーカーに就職する。

給与遅配が続き、同期の仲間が次々に退社し、稲盛も人生をやり直そうと、自衛隊に願書を出し合格。ところが、戸籍謄本の送付を頼んだ鹿児島の兄が、「そんなに簡単に会社を辞めるやつがいるか」と拒み、仕方なく会社に残る。そこから死に物狂いで研究に取り組み、旧松下電子工業にも自ら開発した部品を納めるようになり、運が向いたかと思いきや、京都大学閥の上司と対立。

どんなに頑張っても、思うようにならない境遇。その一つひとつが、稲盛の心を鍛え上げた。稲盛本人も言うように、これだけ多くの不遇な体験が身に襲いかからなければ、今の稲盛は決して存在しなかっただろう。

ここから導き出されるのは、誰もが経営者として成功する可能性を持っているのではなく、宿命を背負った者しか経営者になれないのではないか、ということだ。

この「経営者宿命論」は、稲盛が学んだ幸之助にも当てはまる。

幸之助の事業にかけるエネルギーの源は、もともと金銭欲だったとされる。貧困のどん底で育った幸之助は9歳で丁稚奉公へ。その後も家族を次々に病気で失うなど筆舌に尽くせぬ苦労を味わい、経済的な豊かさを手に入れれば幸福が得られると考えた。

幸之助の義弟で会社の発展に貢献した井植歳男三洋電機創業者は「若い頃の松下が傑出した人物だとか、非常に才能のある男だとか思ったことはない。ただ働く熱意だけは人並みはずれていた」と語っている。（＊4）

その後も、生まれたばかりの息子と死別するなど不幸に襲われた幸之助は、1932年、誘われるまま奈良県内の天理教本部を訪ねた。そこで生き生きと働く信者の姿を見て、社会的使命のために働くことが幸福を導くと悟る。

このとき37歳、創業から15年がたっていた。強烈な利己を、強烈な利他に転換した瞬間である。そして「命知元年（使命を知った年）」と名づけたこの年を境に、幸之助は我々がよく知るところの「経営の神様」へと一歩踏み出す。

稲盛の門下生を見渡しても、同様の共通点が見られる。

徳武産業の十河は地元銀行に就職した年に、母を46歳の若さで亡くしている。十河はこう振り返る。「当時は何で、おれがこんな思いをせんといかんのやと思った。裕福な家庭ではない中、4人の子供に心配をかけまいと一生懸命に働いてくれた母に、これから恩返しをしていこうと思った矢先のこと。下の弟はまだ小学6年生でした」。

さらに、義父が経営していた徳武産業に、37歳で後継者として入社した矢先、その義父が心筋梗塞で死んでしまう。後継ぎが出来たと周囲にうれしそうに触れ回っていた最中に起きた突然の不幸。十河は「義父に負けるものか。従業員が納得する仕事をしてみせる」と営業開拓に走り回ったが、気負いだけが空回りし、社内から反発を受ける。

そんな十河に光をもたらしたのが、義父の一周忌に菩提寺の住職にかけられた言葉だ。

「先代に負けまいと競争しているようだが、先代はあなたが仕事をしやすいように死という形で身を引いたのではないか。あなたを思ってまさに命懸けで事業継承をしたのだから、感謝こそしても、張り合うことはない」。

住職の言葉に、十河は立ち上がれないほどのショックを受ける。どれだけ自分本位で突っ走ってきたかを思い知らされた。住職の勧めでそれから毎朝、義父の仏前に手を合わせ、会社のことを報告するようにした。すると肩の力が抜け、感謝の心も芽生え、次第に社内にも一体感が生まれていく。これが、事業再編を成功させる土台になった。

十河に「経営者とは何か」と問うと、こう返してきた。

「机と椅子が並ぶ無機質な会社を、人の血が通った有機質なものに変えるには、経営者の強烈な思いが不可欠。私の場合、この強さはどこからくるのかというと、あの世で母に『頑張ったね』と褒めてもらいたいから。義父にも『いい会社をつくったじゃないか』と褒めてもらいたいからです。母は、苦労の先にある本当の幸せを4人の子供に与えるために、46歳の若さで逝ったのではないかとも思う。2人の死が、私を経営者にしてくれた。経営者というのは、こうした体験を持つ『選ばれし人』。誰にでもできるものではない」

順風満帆の人生など存在しない。不運や逆風にどう向き合うか。横にそれたり、後ろに下がったりするのではなく、前に進み続け、その蓄積が一定程度に達したとき、経営者として覚醒する。それこそが克己心の源である。この克己心が、それぞれの経営者の個性に合うかたちで、時に親、時に思想家などとして表出する。

稲盛は幸之助とは別にもう1人、「絶対的積極心」を掲げた大正・昭和の思想家中村天風をこよなく信奉している。天風は著書『研心抄』でこのように記している。

「そもそも人格の完成は人類当然の責務にして只一途自己を陶冶することに依てのみその目的を達成す。しかも自己陶冶の力は他面にのみ存在するものに非ず、洵や昭として自己の生命に内在す。されば我れ人共により良き優れし人生に活きんには、先ずこの尊厳なる生命内在の力を発現せしむるに如かず。而してこの力こそ自己の心境を正しく、怠らず、清く、払拭する事に依ってのみその全能を発揮す」

もし今、苦難に直面しているならそれは自己陶冶の絶好の機会であり、経営者としての宿命を背負えるかどうかを試されているのだ。だから、信じた道を絶対的な積極心を持って突き進めばいい。それを体言してきたのが、稲盛である。

天風の言葉の中でも、稲盛が愛してやまないものがある。

経営者とは何か。稲盛の答えがここに凝縮されている。

「新しき計画の成就は只不屈不撓の一心にあり……さらばひたむきに、只想え、気高く、強く、一筋に」

稲盛和夫氏の年譜

1932年 0歳 鹿児島市薬師町に生まれる
1944年 12歳 鹿児島市立西田小学校を卒業し、鹿児島第一中等学校を受験するが失敗し、尋常高等小学校に入学
1945年 13歳 肺浸潤で病床に伏せているときに『生命の実相』を枕元で読む
空襲により実家を焼失する
1948年 16歳 鹿児島市高等学校第3部に進学
1951年 19歳 大阪大学を受験するが失敗し、鹿児島大学工学部応用化学科に入学する
1955年 23歳 就職難の中、教授の紹介で京都の碍子メーカー、松風工業に入社
特殊磁器（ニューセラミックス）の研究に携わる
1958年 26歳 上司と衝突し、松風工業を退社
1959年 27歳 京都セラミック株式会社を創業（稲盛の肩書は取締役技術部長）
1961年 29歳 高卒社員の団体交渉を機に経営理念を確立
1966年 34歳 社長就任
1971年 39歳 大阪証券取引所第2部、京都証券取引所に株式上場

＊稲盛和夫オフィシャルサイトより抜粋、編集

１９７６年　44歳　米国証券取引所へ株式上場
１９８２年　50歳　社名を「京セラ株式会社」とする
１９８３年　51歳　若手経営者のための経営塾、盛友塾（現・盛和塾）が発足
１９８４年　52歳　私財を投じて稲盛財団を設立、理事長に就任
第二電電企画株式会社を設立、会長に就任
１９８６年　54歳　京セラの会長に専任
１９９７年　65歳　京セラ、第二電電の会長職を退き、取締役名誉会長に就任
臨済宗妙心寺派円福寺にて得度
２０００年　68歳　ＤＤＩ、ＫＤＤ、ＩＤＯが合併し、ＫＤＤＩ発足。名誉会長に就任
２００１年　69歳　ＫＤＤＩの最高顧問に就任
２００５年　73歳　鹿児島大学に「稲盛経営技術アカデミー（現・稲盛アカデミー）」を設立
京セラの取締役を退任
２０１０年　78歳　日本航空代表取締役会長に就任
２０１２年　80歳　日本航空取締役名誉会長に就任
２０１３年　81歳　日本航空の取締役を退任

出典・注記

一章

40ページの「エゴと戦う」は、2007年に、東京証券取引所がマザーズ上場の経営者を集めて開いた稲盛氏の講演を編集部がまとめたものです。それ以外については、編集部が4回にわたりインタビューした内容を整理しました。

＊1『ギタンジャリ』(ラビンドラナート・タゴール著)

＊2『「原因」と「結果」の法則』(ジェームズ・アレン著、坂本貢一訳)

二章

文中の売上高などの数字は、特に記載のない限り、2013年3月末時点です

＊3「日経ベンチャー」2005年2月号

三章

＊4『幸之助論』(ジョン・P・コッター著、金井壽宏監訳、高橋啓訳)

日経トップリーダー

日経BP社が発行する、攻めるオーナー経営者のための月刊経営誌。1984年に「日経ベンチャー」として創刊し2009年から現誌名。中堅・中小企業のオーナー経営者のために、リーダーとしての心構え、実力社長の生の声、失敗の理由などを分かりやすく解説する

経営者とは
稲盛和夫とその門下生たち

二〇一三年　六月　一七日　初版第一刷発行
二〇一三年　六月　二四日　第二刷発行

著　者　日経トップリーダー
発行人　杉山　俊幸
発　行　日経ＢＰ社
発　売　日経ＢＰマーケティング
〒108-8646　東京都港区白金一―十七―三
装丁・本文デザイン・ＤＴＰ　エステム
印刷・製本　大日本印刷株式会社

ISBN 978-4-8222-6449-9